D0128220

ITALIA
IN CUCINA
TUTTE LE RICETTE

a cura di Silvana Franconeri

DEMETRA

Redazione e impaginazione: Ilaria Stradiotti
Fotografie: Arc-en-ciel, Archivio Demetra
Disegni: Mario Stoppele

Per quanto riguarda i diritti di riproduzione,
l'editore si dichiara pienamente disponibile a regolare
eventuali spettanze per quelle immagini
di cui non sia stato possibile reperire la fonte.

www.giunti.it

ISBN 88-440-2683-X

© 2003 Giunti Gruppo Editoriale, Firenze, su licenza di Demetra S.r.l.
prima edizione: Febbraio 1999

Ristampa						Anno			
5	4	3	2	1	0	2006	2005	2004	2003

Stampato presso Giunti Industrie Grafiche S.p.A. - Stabilimento di Prato

INTRODUZIONE

Italia...

Popolo di artisti, santi, navigatori e... cuoche.

Artisti, santi e navigatori sono "passati", rimane viva la grande cucina italiana.

La cucina è la vera arte italiana di oggi. Ricette di mille sapori e colori, straordinari risultati di fantasia e curiosità, e di una terra generosa.

L'Italia è fatta di mare e sole, di nebbie e pianure, di aria pura e alta montagna, di spighe d'oro e colline assolate, di... porti e di isole misteriose.

L'Italia è fatta di tanti mondi che si scambiano e intrecciano con i mondi di passaggio su di essa...

L'Italia è storia di genti ricche, nobili, frati, preti e di tanta miseria.

Tutto ciò, condito all'olio extravergine d'oliva, ha dato vita alla cucina italiana, alla cucina mediterranea, alla cucina di chi crede nel valore spirituale di un buon piatto di pasta e fagioli.

Salame

Aglio

Frumento

Pane

Riso

Mandorla

Pizza

Sogliola

Aceto

Olio extravergine
di oliva

Cozze

Mozzare

Tagliate

Orata

Anguilla

Vongole

Peperoncino

Rosmarino

Melanzana

Pomodoro

Arancia

Uova

Salvia

Mela

Tartufo

Basilico

Noce

Prezzemolo

Castagna

Capperi

Gorgonzola

Pecorino sardo

Parmigiano
reggiano

Orecchiette

Prosciutto
crudo

Oliva

Spaghetti

Tortellini

AVVERTENZA

Le dosi delle ricette presentate
nelle pagine seguenti si riferiscono
a 4-6 commensali.

ANTIPASTI

ACCIUGHE AL VERDE

◀ *Valle d'Aosta, Piemonte* ▶

8 acciughe sottosale, 1 uovo, 1 spicchio d'aglio, 1 mazzetto di prezzemolo, 1 mazzetto di basilico, 1 peperoncino rosso, 1 cucchiaio d'aceto, olio extravergine d'oliva.

Pulite le acciughe dal sale e privatele della lisca dividendole in due. A parte preparate un trito con il prezzemolo, il basilico, l'aglio, il tuorlo d'uovo precedentemente rassodato e il peperoncino; amalgamate bene il tutto con l'aceto e abbondante olio extravergine d'oliva. Stendete le acciughe su un piatto da portata, copritele con la salsa verde e guarnite con alcune foglioline di prezzemolo e basilico, quindi servite.

ANTIPASTO DI MELANZANE

◀ *Calabria* ▶ 📷

4 melanzane, 4 spicchi d'aglio, 1 mazzetto di basilico, 2 cucchiai d'aceto di mele, 1/2 bicchiere d'olio extravergine d'oliva, sale, pane casereccio.

Lavate le melanzane, tagliatele a fette longitudinali e lasciatele sgrondare dall'acqua di vegetazione coprendole con poco sale. Nel frattempo sminuzzate il basilico e unitelo all'aglio tritato emulsionando il tutto con l'olio, l'aceto e sale in modo da ottenere una salsina. Lavate le melanzane dal sale, asciugatele e fatele cuocere su entrambi i lati per pochi minuti alla griglia. Toglietele dal fuoco e mescolatele in un'insalatiera con la salsina al basilico, poi lasciate riposare per almeno 10 ore in luogo fresco. Servite accompagnando con fette di pane abbrustolito.

BAGNA CAÛDA

◀ *Valle d'Aosta, Piemonte* ▶

200 g di acciughe sottosale, 200 g d'aglio, 250 g d'olio extravergine d'oliva, 40 g di burro.

Pulite con cura (usate un canovaccio umido) le acciughe dal sale e diliscatele, quindi tagliatele a pezzettini e mettetele in un tegame di coccio insieme con l'aglio affettato molto sottilmente. Coprite con l'olio e lasciate cuocere, con una retina frangifiamma, mantenendo mescolato in modo che le acciughe si disfino (attenzione: la fiamma deve essere molto moderata in modo che l'aglio non prenda colore). Dopo circa 30 minuti sciogliete nel condimento il burro e portate in tavola sull'apposito fornellino per mantenere la salsa calda. Nella *bagna caûda* vanno immerse verdure crude tagliate a pezzi (cardi, peperoni, sedano, indivia, radicchio ecc.) e cotte (cipolle, barbabietole, peperoni abbrustoliti ecc.).

Una versione un po' più leggera prevede che l'aglio venga lasciato in un po' di latte per qualche ora prima di essere affettato, quindi utilizzato per aromatizzare l'olio, poi tolto prima di mettere a cottura le acciughe. In questo caso provate a unire alla salsa, prima di portarla in tavola, un tartufo bianco tagliato a lamelle sottilissime.

BISCOTTI ALLA SALVIA

◁ *Basilicata* ▷

500 g di farina, 1 bustina di lievito per torte salate, 1 bicchiere di latte, 1 mazzetto di salvia, 150 g di burro, 1 cucchiaino di sale.

In una terrina unite alla farina il lievito, il sale, le foglioline di salvia ben tritate e il burro fuso, poi versate poco per volta il latte. Amalgamate con cura il composto, quindi tirate una sfoglia dello spessore di 1 cm circa e con uno stampino rotondo (o un bicchiere) ritagliate tanti bi-

scotti che disporrete su una teglia imburrata. Fate cuocere in forno già caldo per una decina di minuti circa.

BRUSCHETTA

◁ *Lazio* ▷

Pane casereccio, aglio, olio extravergine d'oliva, sale.

La bruschetta è una preparazione diffusissima in quasi tutte le regioni meridionali italiane le quali spesso si contendono la paternità di questo gustoso antipasto. Tagliate il pane a fette spesse circa 1 cm e mezzo e fatele tostare (meglio se su fuoco di legna); al momento di servirle strofinatene un lato con uno spicchio d'aglio, conditele con un pizzico di sale e irroratele di buon olio. Vanno servite calde.

Ottima è anche la versione al pomodoro che prevede che la fetta di pane venga ricoperta con uno strato di salsa di pomodoro e condita con basilico, sale, pepe e olio. Al posto del sugo è possibile utilizzare del pomodoro fresco che – pulito dei semi e dell'acqua di vegetazione – avrete cura di tagliare a dadolini. Sfregate con uno spicchio d'aglio la superficie della bruschetta, distribuite quindi la dadolata di pomodoro, salate e condite con un giro d'olio extravergine d'oliva.

BRUSCHETTA PUGLIESE

◁ *Puglia* ▷

Pane pugliese, olio extravergine d'oliva.
<u>*Per condire:*</u> *50 g di olive nere snocciolate, 1 cucchiaio di capperi, 2 acciughe sottosale diliscate, 1/2 spicchio d'aglio, aceto, 2 cucchiai d'olio extravergine d'oliva.*

È anzitutto necessario preparare la salsa con la quale insaporire la bruschetta.

Mettete dunque in un frullatore le olive, i capperi, le acciughe precedentemente lavate con aceto e grossolanamente tritate, l'aglio e l'olio. Frullate il tutto sino a ottenere un composto omogeneo.

Affettate il pane, abbrustolitelo e spalmate ogni fetta con un paio di cucchiai di salsa preparata, bagnando con pochissimo olio.

Alcune versioni contemplano l'aggiunta di broccoli: vanno prima sbollentati in acqua salata, accuratamente sgocciolati e conditi con sale e olio, quindi adagiati ancora caldi sulle fette di pane con la salsa.

CAPESANTE GRATINATE

◀ *Veneto* ▶ 📷

2-3 capesante per commensale, pangrattato, 1 ciuffo di prezzemolo, cognac, burro, sale, pepe in grani.

Pulite le capesante eliminando la parte di guscio piatta e staccando i molluschi dal guscio. Mescolate qualche cucchiaio di pangrattato con il prezzemolo tritato, un pizzico di sale, una macinata di pepe e un goccio di cognac (l'impasto non deve risultare troppo umido). Impanate i molluschi nel pangrattato, quindi rimetteteli nelle conchiglie; bagnateli con un altro goccio di cognac e distribuite un pezzetto di burro sopra

ciascuno. Lasciate gratinare le capesante in forno caldo per una decina di minuti e servitele ben calde.

CAZZILLI

◀ *Sicilia* ▶

1 kg di patate, 1 spicchio d'aglio, 1 ciuffo di prezzemolo, 2 uova, pangrattato, olio d'oliva, sale, pepe.

Bollite le patate, sbucciatele e passatele con lo schiacciapatate; al purè amalgamate un trito d'aglio e prezzemolo, insaporendo con sale e pepe.

Quando il composto si sarà intiepidito formate delle crocchette ovali e friggetele in olio bollente dopo averle passate negli albumi sbattuti e nel pangrattato. Scolate, fate asciugare su carta assorbente, spolverate di sale e servite i *cazzilli* ancora caldi.

CECINA

◀ *Toscana* ▶

500 g di farina di ceci, 1 bicchiere d'olio extravergine d'oliva, sale, pepe in grani.

Diluite la farina di ceci in 2 l d'acqua, lasciatela adagiare sul fondo del contenitore, quindi mescolatela con un cucchiaio di legno. Aggiungete poi l'olio e un pizzico di sale, quindi versate il composto in una teglia molto larga e con i bordi bassi. Tenete conto che lo spessore della *cecina* non deve superare i 5 mm: se non avete una teglia abbastanza larga, sarà meglio effettuare due infornate.

Mettete dunque in forno caldo fino a quando non si sarà formata una crosticina dorata. Servite a pezzi abbondantemente spolverizzati con pepe nero macinato al momento.

COZZE RIPIENE

◁ *Marche* ▷

1 kg di cozze, 300 g di pomodori maturi e sodi, 1 ciuffo di prezzemolo, 1 spicchio di aglio, pangrattato, olio extravergine di oliva, sale, pepe.

Raschiate le cozze (o muscoli come vengono chiamate nelle Marche) sotto acqua corrente e fatele aprire in un tegame su fiamma vivace; man mano che le valve si schiudono, eliminate le metà vuote e disponete quelle con mollusco sulla placca del forno.

Tuffate i pomodori in acqua bollente, così da pelarli con facilità, poi privateli dei semi e tritateli. Mescolate i pomodori con un trito finissimo di prezzemolo e aglio, sale, pepe macinato al momento, olio e qualche cucchiaio di pangrattato che dia al composto una consistenza soda ma comunque morbida. Distribuite la farcitura sulle cozze e bagnate ancora con un po' di olio. Lasciate poi gratinare in forno già caldo per una decina di minuti.

Esiste un'altra versione di questa ricetta che prevede l'aggiunta nel composto per il ripieno di un po' di prosciutto crudo (c. 50 g) grossolanamente tritato.

CRESCIA SFOGLIATA

◁ *Marche* ▷

1 kg di farina di mais, 200 g di farina di frumento, 1 kg di lonza di maiale, 400 g di bietole, 400 g di cavolo, 400 g di cicoria, 100 g di lardo, 2 spicchi d'aglio, vino bianco, olio extravergine d'oliva, sale, pepe.

Tagliate a pezzettini la lonza di maiale e fatela cuocere a fuoco vivo per un'ora in poco olio e bagnando spesso con vino bianco; salate e pepate. Nel frattempo pulite le verdure e fatele lessare in poca acqua salata e, a cottura ultimata, passatele in padella con il lardo tritato, gli spicchi d'aglio e un pizzico di pepe. Preparate la *crescia* (un'antica pizza fabrianese) mescolando, in una grossa zuppiera, le due farine con un pizzico di sale e amalgamando il tutto con acqua bollente fino a quando non si formi un impasto morbido. Versate l'impasto in una teglia dal bordo alto e mettetela in forno molto caldo (250° C) per un'ora circa. Togliete dal forno la *crescia*, che si presenterà con la crosta dura e l'interno morbido; tagliatela a quadrotti, divideteli a metà e farciteli con la carne e le verdure servendo subito. È un antipasto sostanzioso che si presta molto bene per un pranzo invernale. Potrete sostituire le verdure con altre a vostra disposizione. Se lo desiderate, sostituite il lardo con burro o con olio.

CROSTINI AL TARTUFO

◁ *Umbria* ▷

Fette di pane, tartufo nero a piacere, filetti d'acciuga, 1 limone, olio extravergine d'oliva.

Pulite e lavate con cura il tartufo, poi grattugiatene la quantità necessaria per insaporire le bruschette (molto dipende anche dalla

qualità del tartufo). In un tegamino scaldate un poco d'olio e unitevi quindi il tartufo grattugiato, lasciandolo sul fuoco pochi istanti. Aggiungete i filetti d'acciuga tritati e il succo del limone, amalgamando con cura. Abbrustolite infine le fette di pane, spalmatele con il composto preparato e servite.

CROSTINI ALLA CIOCIARA

◀ *Lazio* ▶

Pane casereccio, caprino fresco, pomodori maturi e sodi, olive nere, aceto, olio extravergine d'oliva, peperoncino rosso in polvere.

Mettete sul fuoco un padellino con il formaggio caprino sminuzzato, l'olio e l'aceto; tenete la fiamma bassa e mescolate per dar modo al formaggio di sciogliersi. Poco prima di togliere dal fuoco, unite il pomodoro tagliato a dadini, le olive snocciolate e tagliate a pezzetti, un pizzico di peperoncino. Lasciate insaporire un attimo mentre abbrustolite le fette di pane e quindi, dopo aver adagiato queste ultime su un piatto, distribuite sopra la salsa.

CROSTINI CON LIPTAUER

◀ *Friuli Venezia-Giulia* ▶

250 g di ricotta, 100 g di burro, 1 cucchiaio di capperi sottosale, 1 cucchiaio di paprica dolce, 1 cucchiaio di senape, 1 ciuffo di prezzemolo, qualche filo di erba cipollina, sale, pepe.

In una terrina lavorate la ricotta con i rebbi di una forchetta o una frusta, quindi uno dopo l'altro incorporate i vari ingredienti: il burro fatto prima ammorbidire e tagliato a pezzettini, i capperi lavati dal sale e tritati, la paprica, la senape, il prezzemolo tritato e l'erba cipollina tagliuzzata. Mescolate fino a

ottenere una crema soffice che lascerete poi riposare in frigorifero perché i sapori si amalgamino. Servite accompagnando con fettine di pane di segala.

CROSTINI DI FEGATINI DI POLLO

◀ *Toscana* ▶

250 g di fegatini di pollo, 1 cipollina, 3 acciughe, 1 cucchiaio di capperi, burro, vino bianco, fette di pane casereccio, sale, pepe in grani.

Fate rosolare la cipollina tritata con un pezzo di burro; aggiungete i fegatini, bagnate con uno spruzzo di vino bianco, salate. Quando il sugo si sarà asciugato, togliete i fegatini dal fuoco e tritateli assieme alle acciughe e ai capperi. Riponete sul fuoco per qualche minuto con un po' di burro, unite del pepe macinato fresco e spalmate infine il composto su fette di pane abbrustolite.

13

ERBAZZONE

◀ *Emilia Romagna* ▶

1 kg di spinaci, 100 g di farina di frumento, 60 g di strutto, 100 g di pancetta, 1 cipolla piccola, 1 spicchio d'aglio, 300 g di pangrattato, 200 g di formaggio parmigiano, 4 uova, sale, pepe.

Pulite e lavate accuratamente gli spinaci e quindi lessateli in acqua bollente, poi strizzateli e tritateli finemente. Mentre cuociono preparate una pasta con la farina, lo strutto, acqua e sale, così da ricavare una palla, che lascerete riposare per circa mezzora in frigorifero.
Pulite la cipolla e l'aglio, tritateli insieme con la pancetta e preparate quindi un soffritto con questi ingredienti, nel quale farete poi rosolare gli spinaci. Fuori dal fuoco unitevi il pangrattato, il formaggio grattugiato, le uova e sale.

Togliete l'impasto dal frigorifero, dividetelo in due parti e ricavate da ciascuna di esse due sfoglie alte 1 cm circa. Imburrate con molta cura il fondo di una tortiera e ricopritelo con una delle sfoglie, quindi riempite il recipiente sin quasi ai bordi con l'impasto preparato precedentemente, ricoprendo infine con la seconda sfoglia.

Dopo aver punzecchiato la superficie con i rebbi di una forchetta, lasciate in forno a calore non eccessivo (intorno ai 160 °C) per circa mezzora. Poi sfornate e servite caldo, a fette, oppure anche freddo.

FETTUNTA

◀ Toscana ▶

4 fette di pane casereccio raffermo, 2 spicchi d'aglio, olio extravergine d'oliva, sale, pepe in grani.

È una preparazione semplicissima, che deve la sua buona riuscita soprattutto alla qualità dell'olio (l'ideale sarebbe quello di prima spremitura a freddo).

Fate dunque abbrustolire leggermente sulle braci (o sulla griglia del forno) le fette di pane, ricavate da forme almeno del giorno prima. Appena diventano croccanti in superficie, strofinatele con uno spicchio d'aglio, cospargetele con un pizzico di sale e una buona macinata di pepe nero. Versatevi un filo d'olio e servitele subito, mentre sono ancora caldissime e l'olio non ha impregnato del tutto il pane.

Durante l'inverno la fettunta viene preparata anche distribuendo sopra il pane del cavolo nero lessato in acqua salata.

FIADONE

◀ Abruzzo, Molise ▶

Per la sfoglia: 300 g di farina, 3 uova, 1/2 bustina di lievito in polvere, 1/2 bicchiere di latte, 2 cucchiai d'olio, sale, pepe.

Per il ripieno: 500 g di formaggio di pecora o di capra da grattugiare (oppure metà grana e metà formaggio di pecora), 4 uova, 1 bustina di lievito, noce moscata, pepe in grani.

È questa una torta rustica tipica del periodo pasquale. Iniziate con la preparazione della sfoglia: mescolate la farina a una presa di sale e a una di pepe e di-

sponetela a fontana sul piano di lavoro; in un incavo centrale rompete 2 uova e versate l'olio e il latte in cui avrete sciolto il lievito. Lavorate velocemente il tutto fino a ottenere un impasto omogeneo che stenderete con un matterello e utilizzerete per foderare una tortiera; abbiate l'accortezza di lasciar fuoriuscire un po' di pasta dai bordi e di tenerne da parte un po' per rifinire il dolce.

Per la preparazione del ripieno sbattete le uova insaporendole con un'abbondante macinata di pepe fresco e un pizzico di noce moscata; unite il composto al formaggio grattugiato che in una terrina avrete mescolato al lievito e lavorate il tutto con un cucchiaio di legno in modo che gli ingredienti si amalgamino e si "gonfino". Utilizzate il composto per farcire la pasta nella tortiera, ripiegate verso l'interno i bordi della pasta e decoratene la superficie con la pasta tenuta da parte. Spennellate la superficie della torta con il tuorlo dell'uovo e fate cuocere in forno a calore moderato per circa 45 minuti o comunque fin quando il *fiadone* non si presenterà ben dorato.

GRANCEOLA AL LIMONE

◁ *Veneto* ▷

1 granceola non troppo grossa per commensale, 1 limone, prezzemolo, olio extravergine d'oliva, sale, pepe.

Lessate le granceole in abbondante acqua salata (eventualmente aromatizzata con cipolla, alloro, prezzemolo). Dopo 30 minuti scolatele, lasciatele raffreddare e staccate i dorsi dalle zampe, tenendo da parte il corallo. Ricavate la polpa sia dal carapace sia dalle zampe dei crostacei, tritatela e rimettetela nei

gusci (che avrete ripulito accuratamente). Condite con un filo d'olio, un po' di succo di limone, sale e pepe. Servite guarnendo con il corallo e prezzemolo tritato.

INSALATA DI MARE

◁ *Campania* ▷

3 kg di molluschi di vario tipo (cozze, vongole, cannolicchi ecc.), 6 moscardini, 1-2 limoni, 3 spicchi d'aglio, 1 ciuffo di prezzemolo, 1 foglia di alloro, sale, pepe in grani.

Pulite i moscardini; se sono molto piccoli lasciateli interi, altrimenti separate i tentacoli dalla sacca che taglierete in 3-4 pezzi. Tuffateli poi in acqua bollente salata acidulata con qualche fetta di limone e aromatizzata con l'alloro e qualche grano di pepe; lasciateli lessare per 3-4 minuti, poi scolateli bene. Preparate anche i molluschi: dopo averli ben puliti e fatti spurgare, metteteli al fuoco in una padella insieme con qualche cucchiaio d'olio e un trito d'aglio. Fate schiudere le conchiglie a fuoco vivace, poi sgusciatele; a fine operazione filtrate il liquido rimasto sul fondo del tegame.

Riunite i molluschi sgusciati e i moscardini in un piatto da portata e condite con il liquido di cottura filtrato ed emulsionato con limone, pepe e prezzemolo tritato. L'insalata risulterà più gustosa se verrà servita tiepida.

INSALATA DI NERVETTI

◁ *Lombardia* ▷

2 zampetti di vitello, 1/2 testina di vitello, 2 girelli di vitello, 4 cipollotti freschi, 1 carota, 1 gambo di sedano, 1 mazzetto di prezzemolo, 1-2 cucchiai d'aceto, 5 cucchiai d'olio extravergine d'oliva, sale, pepe.

15

Pulite accuratamente i diversi pezzi di carne e bruciacchiate gli zampetti per eliminare i residui di peluria. Lavate tutto sotto acqua corrente e lasciate sgocciolare per bene.

In una casseruola capiente portate a bollore abbondante acqua salata con il sedano e la carota; mettete quindi a cottura le carni e lasciate sobbollire moderatamente per circa 2 ore. Scolate le carni dal brodo di cottura e, dopo che si saranno intiepidite, disossatele con cura.

Tagliate la carne (e le cartilagini) a striscioline e raccoglietela in una terrina piuttosto grande nella quale aggiungerete i cipollotti freschi lavati e affettati sottilmente, un trito di prezzemolo, un pizzico di sale e pepe, l'olio e l'aceto. Mescolate bene, lasciate riposare così che i sapori si amalgamino e servite.

Mozzarella in carrozza

◁ *Campania* ▷

8 fette di pane raffermo, 1 grossa mozzarella, 2 uova, acciughe sottolio (facoltative), farina bianca, latte, olio d'oliva, sale, pepe.

Tagliate la mozzarella a fette abbastanza spesse e farcite con ciascuna due fette di pane; volendo potrete dare più sapore unendo anche un filetto d'acciuga ben pulito da sale e lische. Premete bene il tutto e passatelo prima nella farina, poi nell'uovo sbattuto con un po' di latte, sale e pepe. Quando il pane si sarà ben intriso, scolate e fate dorare su entrambi i lati in abbondante olio bollente.

Scolate le mozzarelle in carrozza e lasciatele asciugare su carta assorbente da cucina; servitele ancora calde.

Olive all'ascolana

◁ *Marche* ▷

1 kg abbondante di olive verdi d'Ascoli, 150 g di carne di vitello, 150 g di carne di maiale tritata, 100 g di prosciutto crudo, 100 g tra pecorino e parmigiano grattuggiati, 2 cucchiai di polpa di pomodoro, 4 uova, noce moscata, pangrattato, farina bianca, vino bianco, olio extravergine di oliva, sale, pepe.

In un tegame fate rosolare la carne con un po' di olio; salate, pepate e bagnate con il vino; non appena sarà evaporato coprite il tegame e portate a termine la cottura. In una terrina mescolate alla carne cotta il prosciutto tritato, i formaggi, un po' di pangrattato, un pizzico di noce moscata, il pomodoro e 2 uova; amalgamate con cura in modo da ottenere un impasto morbido e sodo. Snocciolate le olive con l'apposito utensile e farcitele con l'impasto. Infarinate poi le olive ripiene, bagnatele nelle rimanenti uova sbattute e, infine, rotolatele nel pangrattato. Fatele friggere nell'olio bollente e servitele calde.

Olive condite

◁ *Puglia* ▷

Olive nere giganti, peperoncino fresco e secco, aglio, prezzemolo, olio extravergine d'oliva.

Sgocciolate le olive e incidetele leggermente, mettetele a marinare con olio, peperoncino fresco tritato, peperoncino secco sminuzzato, aglio affettato o schiacciato. Lasciatele riposare per 24 ore in un recipiente coperto, scuotendole ogni tanto.

Dopo questo periodo di riposo, le olive possono essere servite subito (o nell'arco di qualche giorno), cospargendole con un trito di prezzemolo.

OLIVE FRITTE

◀ *Sicilia* ▶

40 grosse olive nere, 2 spicchi d'aglio, origano, 1 bicchierino di aceto, olio extravergine d'oliva.

Mettete qualche spicchio d'aglio schiacciato in una padella in cui avrete scaldato abbondante olio e lasciate soffriggere per pochi minuti. Unite le olive e un bicchierino d'aceto e lasciate restringere, aromatizzando poi con origano. Servite molto calde.

PANZANELLA

◀ *Toscana* ▶

400 g di pane casereccio raffermo, 3 pomodori maturi, 1 cipolla rossa, 1 cetriolo, 6 foglie di basilico, 1 cucchiaino d'aceto, 3 cucchiai d'olio extravergine d'oliva, sale, pepe.

Si tratta di un'antica preparazione contadina che veniva consumata soprattutto come prima colazione o come merenda rustica. Potete presentarla sia come primo piatto che come antipasto.
Bagnate il pane con un po' d'acqua e, mentre si ammorbidisce, sbucciate e affettate il cetriolo, cospargendolo poi con un po' di sale e schiacciandolo sotto un piatto capovolto, in modo che perda un po' d'acqua.
Tagliate a fette sottili anche la cipolla e i pomodori, spezzettando invece con le mani le foglie di basilico.
Strizzate il pane e sbriciolatelo in una terrina, unitevi il cetriolo sciacquato dal sale e tutte le altre verdure; condite con l'aceto, l'olio, sale e pepe macinato

al momento; mescolate delicatamente il composto e lasciatelo riposare in luogo fresco per almeno 10 minuti prima di servire.
Una ricetta più antica non prevede i cetrioli, mentre ne esistono altre che impiegano anche sedano, aglio o erbe selvatiche come la rucola.

PANZEROTTI AL POMODORO

◀ *Puglia* ▶

<u>Per la pasta</u>: *400 g di farina bianca, 25 g di lievito di birra fresco, 50 g d'olio extravergine d'oliva, sale.*
<u>Per il ripieno</u>: *250 g di mozzarella, 400 g di pomodori piccoli e maturi, origano, olio extravergine d'oliva, olio d'oliva, sale, peperoncino rosso.*

Cominciate disponendo la farina a fontana su una spianatoia. Sbriciolatevi nel centro il lievito, scioglietelo con un cucchiaio d'acqua tiepida, aggiungetevi il sale, l'olio e l'acqua necessaria per ottenere un impasto facile da lavorare. Lavorate energicamente la pasta, sinché non sia diventata morbida ed elastica: dovrà avere una consistenza che ricordi il lobo dell'orecchio; formate quindi una palla, infarinatela, copritela con un canovaccio umido e lasciatela lievitare in un luogo caldo e al riparo da correnti d'aria, per circa 2 ore e mezza.
Nel frattempo preparate il ripieno: private i pomodori della pelle (aiutatevi tuffandoli per un attimo in acqua bollente) e dei semi, spezzettateli e metteteli al fuoco con un po' d'olio extravergine d'oliva lasciandoli asciugare; insaporiteli con origano, peperoncino e sale, quindi spegnete. Riprendete la pasta e manipolatela qualche minuto, suddividetela in 8-10 parti e stendete ciascuna in un disco sottile. Al centro di ogni disco distribuite la mozzarella tagliata a

cubetti e un po' di salsa di pomodoro, condite eventualmente con ancora un po' di peperoncino e origano e richiudete i panzerotti a mezzaluna, premendo bene i bordi dopo averli inumiditi. Friggete i panzerotti in olio bollente rigirandoli in modo che vengano dorati uniformemente; scolateli e lasciateli asciugare su carta assorbente da cucina. Vanno serviti ben caldi.

RADICCHIO ROSSO IN *SAÓR*

◀ *Veneto* ▶

8 cespi di radicchio rosso di Treviso, 150 g di cipolle, 40 g di uva passa, 30 g di pinoli, 1/2 bicchiere d'aceto di vino rosso, 3 cucchiai d'olio extravergine d'oliva, 1 cucchiaino di zucchero, sale, pepe in grani.

Pulite accuratamente il radicchio, lavatelo, asciugatelo con una centrifuga manuale e tagliate ogni cespo a quarti nel senso della lunghezza. Lavate e lasciate l'uva passa in ammollo in un po' d'acqua tiepida per un'ora.

Sbucciate e affettate sottilmente le cipolle, quindi lasciatele appassire per alcuni minuti in un tegame con l'olio. Mantenete mescolato con un cucchiaio di legno e, senza smettere, aggiungete l'aceto e lo zucchero, l'uva passa scolata e i pinoli. Lasciate evaporare parte del liquido del soffritto, quindi mettete a cottura anche il radicchio e fate stufare a fuoco moderato, mescolando di tanto in tanto. Prima di portare in tavola, aggiustate di sale e insaporite con del pepe macinato al momento.

SALAME NELL'ACETO

◀ *Friuli Venezia-Giulia* ▶

8 grosse fette di salame fresco, 1/2 cipolla, 2 cucchiai di aceto di vino rosso, 50 g di burro.

Lasciate ammorbidire la cipolla tritata nel burro, quindi fate rosolare le fette di salame da entrambe le parti; spruzzate con l'aceto e lasciate che evapori. Servite il salame ben caldo accompagnando con fettine di polenta grigliate.

SARDE IN *SAÓR*

◀ *Veneto* ▶

700 g di sarde fresche, 700 g di cipolle, 1 limone, 1 manciata di uva passa, 4 foglie d'alloro, 3 chiodi di garofano, farina bianca, 2 bicchieri d'aceto, olio d'oliva, sale, pepe.

◆ Fate ammorbidire l'uva passa in acqua tiepida. Pulite le sarde privandole della testa e spinandole; lavatele e lasciatele asciugare stese su un canovaccio. Infarinatele, friggetele in olio bollente e fatele asciugare su carta assorbente. Nell'olio della frittura fate appassire le cipolle tagliate a rondelle sottili, poi aggiungete due bicchieri d'aceto e la scorza di limone grattugiata. Spegnete dopo un paio di minuti.

◆ In vasi di vetro disponete uno strato di pesce fritto, salate, pepate e ricoprite con uno strato di cipolle, chiodi di garofano, alloro e uva passa; proseguite così, alternando gli ingredienti fino a esaurirli e terminando con le cipolle. Coprite e conservate in frigorifero per qualche giorno prima di gustare.

Oltre all'uva passa si possono aggiungere pinoli o fettine di mela. Il *saór* o "sapore" – metodo di conservazione tra i più gustosi e tipico del Veneto – si addice un po' a tutti i pesci, dai minuscoli pescetti per frittura alle sogliole.

SUPPLÌ DI RISO

◀ *Lazio* ▶

250 g di riso, 50 g di parmigiano grattugiato, 3 uova, farina, pangrattato, c. 1 l di brodo, 50 g di burro, olio di oliva, sale, pepe.
<u>Per il ripieno</u>: 1 mozzarella, 1 fetta di prosciutto crudo di c. 100 g, 50 g di salsa di pomodoro, 2 cucchiai di parmigiano grattugiato, 1 ciuffo di prezzemolo, pepe.

Con una noce di burro, il riso e il brodo caldo preparate un risotto che provvederete a regolare di sale e insaporire con una spruzzata di noce moscata. Spegnete il riso bene al dente, unite il formaggio grattugiato e lasciatelo raffreddare dopo averlo allargato su un piatto da portata.

Nel frattempo preparate il composto per il ripieno: in una terrina mescolate la mozzarella e il prosciutto tagliati a dadini insieme con la salsa di pomodoro, il formaggio grattugiato, un trito di prezzemolo e un'abbondante macinata di pepe.

Aiutandovi con le mani bagnate, prelevate piccole porzioni di riso cui darete la forma di polpette leggermente ovali; farcitele al centro con un po' del composto di mozzarella e richiudete con un po' di riso. Passate i supplì nella farina, quindi nelle uova sbattute e poi nel pangrattato; fateli infine dorare uniformemente nell'olio bollente, scolateli e lasciateli asciugare su della carta assorbente da cucina. Ser-

viteli ben caldi, dopo averli spolverati con sale.

Un'altra versione di questa ricetta prevede che i supplì vengano farciti con ragù preparato con macinato e animella di vitello. Volendo potrete anche utilizzare del risotto (al pomodoro, ai funghi ecc.) avanzato dal giorno prima: il risultato sarà ottimo.

TORTA DOLCE-SALATA

◀ *Basilicata* ▶

300 g di farina bianca, 150 g di zucchero, 150 g di burro, 3 uova, sale.
<u>Per il ripieno</u>: 350 g di ricotta fresca, 100 g di formaggio fresco, 1 mozzarella, 30 g di pecorino grattugiato, 2 fette di prosciutto crudo di c. 50 g cad., 3 uova, 25 g di zucchero, olio extravergine di oliva, sale, pepe.

Mescolate la farina con lo zucchero e una presa di sale, quindi disponetela a fontana sul piano di lavoro; in un incavo centrale mettete il burro prima fatto ammorbidire a temperatura ambiente e tagliato a pezzettini e 2 tuorli d'uovo. Lavorate gli ingredienti fino a ottenere un impasto morbido e ben omogeneo che lascerete riposare, coperto e in luogo fresco, per circa 1 ora. Nel frattempo dedicatevi alla preparazione della farcia. In una terrina lavorate la ricotta con una forchetta, quindi aggiungete uno dopo l'altro gli altri ingredienti: il formaggio

21

fresco sminuzzato, il prosciutto e la mozzarella tagliati a dadini, lo zucchero, 2 tuorli e 1 uovo intero, sale e una buona macinata di pepe. Fate in modo che il composto risulti morbido e ben amalgamato. Suddividete la pasta in due porzioni e stendetele con il matterello infarinato in sfoglie tonde, di pochi millimetri di spessore; con il disco di pasta più grande rivestite il fondo e i bordi di una teglia unta d'olio. Versate all'interno il composto per la farcia e, dopo averlo distribuito uniformemente, ricoprite con il disco di pasta più piccolo, provvedendo a sigillare per bene i bordi a cordoncino. Spennellate la superficie della torta con un tuorlo d'uovo sbattuto e fate poi cuocere in forno già moderatamente caldo (160 °C) per circa 1 ora.

TORTA PASQUALINA

◄ *Liguria* ► 📷

Per la pasta: 600 g di farina, 2 cucchiai d'olio extravergine d'oliva, sale.
Per il ripieno: 8 carciofi, 200 g di erbette, 400 g di ricotta, 100 g di burro, 10 uova, 50 g di parmigiano grattugiato, 1 spicchio d'aglio, prezzemolo, maggiorana, 1 limone, 2 cucchiai di farina, sale.

Private i carciofi delle foglie dure esterne, dei gambi e delle spine; tagliateli per il lungo a fette sottili e metteteli in bagno in acqua acidulata con succo di limone. Setacciate la farina a fontana sul tavolo, al centro mettete l'olio, 1/2 l d'acqua tiepida e il sale e lavorate l'impasto per 15 minuti, in modo che risulti piuttosto morbido. Coprite con un tovagliolo asciutto sovrapposto da un altro bagnato e lasciate riposare. Lavate le foglie delle erbette,

cuocetele in poca acqua salata, scolatele, strizzatele bene e tritatele. In un tegame fate imbiondire 50 g di burro con lo spicchio d'aglio, unite i carciofi ben scolati, coprite e lasciateli cuocere lentamente. A fine cottura aggiungete un po' di prezzemolo tritato. Togliete i carciofi dal tegame e fate insaporire le erbette nel condimento rimasto. Mettete in una terrina la ricotta, il parmigiano grattugiato, 3 uova, la farina, sale e pepe e mescolate bene; unitevi le erbette e i carciofi quando saranno freddi, dopo aver tolto lo spicchio d'aglio. Riprendete la pasta e dividetela in dieci pezzi, tenendo sempre coperti quelli che non utilizzate per evitare che si secchino. Lavorate i primi quattro pezzi di pasta (uno alla volta) con il matterello e tirate la sfoglia sottilissima.

Distendete le sfoglie una sopra l'altra in una tortiera spennellando le prime tre con dell'olio; fate aderire al fondo e ai bordi lasciandone uscire 1 cm abbondante tutt'intorno. Versate al centro il ripieno preparato; con il dorso di un cucchiaio formatevi sette incavi e in ognuno rompete un uovo, che condirete con un cucchiaino di burro fuso, uno di parmigiano, sale, pepe.

Riprendete i pezzi di pasta, formate delle sfoglie e ricoprite con esse il ripieno procedendo come sopra e spennellando ognuna con olio. Ritagliate tutt'intorno la pasta eccedente e con i ritagli formate un cordone che appoggerete sul bordo.

Ungete l'ultima sfoglia con l'olio e punzecchiate la pasta con una forchetta, facendo attenzione a non rompere le uova. Cuocete la torta in forno a calore moderato per circa un'ora finché la superficie risulterà dorata. Servitela calda.

VOL-AU-VENT AI FUNGHI

◀ *Valle d'Aosta, Piemonte* ▶ 📷

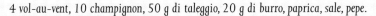

4 vol-au-vent, 10 champignon, 50 g di taleggio, 20 g di burro, paprica, sale, pepe.

◆ Rosolate i funghi affettati nel burro per circa 10 minuti, insaporendo con sale e pepe.

◆ In una scodella lavorate il formaggio con l'aggiunta di pepe nero macinato al momento, sale, un pizzico di paprica e il sugo di cottura dei funghi.

◆ Riempite i vol-au-vent con la crema di formaggio, guarnite con i funghi e passate in forno già caldo solo per il tempo necessario a intiepidirli.

FOCACCE, PANE, PIZZE, TORTE SALATE

CALZONE

◄ *Campania* ►

<u>Per la pasta</u>: 350 g di farina bianca, 25 g di lievito di birra fresco, burro.
<u>Per il ripieno</u>: 200 g di mozzarella, 100 g di salame, 100 g di prosciutto cotto, 100 g di ricotta fresca, 1 uovo, 4 cucchiai di pecorino grattugiato, 6-8 cucchiai d'olio extravergine d'oliva, sale, pepe.

Cominciate disponendo la farina a fontana sopra una spianatoia o su un tavolo adatto. Sbriciolatevi nel centro il lievito, scioglietelo con un cucchiaio d'acqua tiepida, aggiungetevi il sale, una noce di burro e tanta acqua quanta serve per ottenere un impasto facile da lavorare, liscio e abbastanza morbido. Lasciate lievitare l'impasto in un luogo sufficientemente caldo e al riparo da correnti d'aria. Quando è adeguatamente lievitato, tiratelo sulla spianatoia infarinata o su un piano da lavoro adatto, spianatelo con il matterello e ricavatene quattro dischi non troppo sottili.

Poi lasciateli riposare per una ventina di minuti al caldo, sulla placca del forno o in una teglia.
Nel frattempo tagliate a cubetti la mozzarella, il salame, il prosciutto, mescolateli con l'uovo sbattuto e il formaggio grattugiato, aggiustate di sale e di pepe. Aggiungete infine la ricotta sbriciolata. Poi dividete questo composto sui quattro dischi e ripiegate ognuno a mezzaluna, premete bene i bordi e infine fateli cuocere nel forno caldissimo per circa un quarto d'ora.

CALZONI CON LA VERDURA

◄ *Basilicata* ►

300 g di pasta di pane, 1 kg di bietole, 75 g di olive nere, olio extravergine di oliva, sale, peperoncino rosso.

Mondate le bietole, lavatele, asciugatele con cura e tagliatele a striscioline. In una ciotola mescolate le bietole con le olive private del nocciolo e sminuzzate, olio, sale e un pizzico di peperoncino rosso.
Suddividete la pasta di pane in piccole porzioni che stenderete con l'aiuto di un matterello sul piano di lavoro infarinato, dando a ciascuna una forma ovale. Al centro di ciascuna porzione di pasta distribuite un po' del ripieno di bietole quindi richiudete facendo combaciare i bordi più lunghi e dando la forma di piccoli calzoni. Sigillate bene i bordi della pasta inumidendoli con acqua, quindi disponete i calzoni in una teglia sul cui fondo avrete disposto della carta da forno. Fate cuocere in forno già caldo (180 °C) per circa 20-30 minuti.

CRESCENTA

◀ Emilia Romagna ▶

500 g di farina di frumento, 50 g di lievito di birra fresco, 50 g di strutto, 1 cucchiaio d'olio extravergine d'oliva, sale.

Potete ottenere l'impasto per la crescenta anche sostituendo l'olio con acqua o 1/2 bicchiere di latte, a seconda dei gusti. Mescolate in una grande scodella o su un piano di lavoro la farina, l'olio, il lievito di birra sbriciolato e del sale: lavorate il tutto così da ottenere un impasto consistente e lasciatelo poi riposare coperto da un canovaccio pulito.

Dopo circa mezzora, ponete l'impasto sul piano da lavoro e tiratelo con il matterello, in modo da ricavare una sfoglia alta un paio di centimetri che taglierete a rombi di circa 8 cm di lato. Mettete in una padella larga e bassa lo strutto, lasciate che si sciolga sul fuoco ben allegro e, quando è bollente, fatevi friggere i rombi d'impasto, finché assumono un colore dorato e si gonfiano. Rivoltateli con molta delicatezza servendovi di una paletta da cucina e infine poneteli su carta assorbente da cucina, in modo da scolarli dall'unto in eccesso. Servite la *crescenta* caldissima accompagnandola con salumi e scaglie di parmigiano.

FOCACCIA ALL'OLIO

◀ Liguria ▶

500 g di farina, 30 g di lievito di birra, 1 dl d'olio extravergine d'oliva, sale.

Stemperate il lievito in una tazza d'acqua appena tiepida, poi aggiungetelo alla farina e impastate bene fino a ottenere una pasta morbida che coprirete con un panno e lascerete riposare per circa 2 ore in luogo tiepido. A lievitazione avvenuta stendete l'impasto in una teglia (precedentemente unta con olio e cosparsa di sale) facendo in modo che il suo spessore non superi i 2 centimetri. Pizzicate la superficie della focaccia con le dita, spargete sopra altro sale e olio, quindi mettete in forno caldo per una ventina di minuti. Servite la focaccia calda (risulta comunque ottima anche fredda).

Tra le tante varianti, ve ne consigliamo una semplicissima: prima di mettere in forno la focaccia, cospargetene la superficie di rosmarino.

PANE *CARASAU* O CARTA DA MUSICA

◀ Sardegna ▶ 📷

1 kg di farina di grano duro, 10 g di lievito di birra, 1 cucchiaio di sale grosso.

Sciogliete il lievito in poca acqua tiepida e il sale in 5 dl scarsi d'acqua anch'essa tiepida. Unite il lievito alla farina e quindi impastate il tutto con l'acqua salata, fino a ottenere una pasta morbida, umida ma ben amalgamata. Formate con l'impasto delle palle di circa 8 cm di diametro e lasciatele lievitare per circa 4 ore in luogo asciutto. Spianate le palle di impasto con il matterello tenendole co-

29

stantemente spolverate di farina perché non si attacchino, fino a ottenere dei dischi di circa 2-3 mm di spessore e 40 cm di diametro. Passate le sfoglie a cuocere nel forno ben caldo e, quando si gonfieranno, staccate lo strato superiore da quello inferiore. A questo stadio il pane in Sardegna viene definito *lentu* e risulterà morbido. Se lo si vuole croccante come il tipico *carasau*, esso va nuovamente infornato sin quando non risulterà ben asciutto.

PANE *FRATTAU*

◀ *Sardegna* ▶

Carta da musica, salsa di pomodoro, carne macinato di manzo, uova, 1 cipolla, 1 spicchio d'aglio, pecorino grattugiato, olio extravergine d'oliva, sale.

Con la cipolla, la salsa di pomodoro, la carne trita, l'aglio, il sale e poco olio

preparate un sugo. Fate bollire abbondante acqua, salatela e immergetevi per pochissimi istanti la carta da musica (una alla volta). Distendete il pane su piatti diversi e farcite con il sugo insaporendo con pecorino grattugiato. Adagiate su ogni carta da musica un uovo cucinato in camicia.

PANE PUGLIESE

◀ *Puglia* ▶ 📷

2 kg di farina, 40 g di lievito di birra o secco, 10 g di malto, 40 g di sale.

Sciogliete il lievito in poca acqua tiepida, quindi impastate tutti gli ingredienti tra loro con 1,5 l d'acqua; manipolate per 20 minuti circa, fino a ottenere un impasto morbido e omogeneo che coprirete e lascerete riposare in luogo riparato per circa 2 ore. Ripren-

dete a lavorare delicatamente la massa e suddividetela in grosse pagnotte che metterete nuovamente a riposare disposte con la chiusura dell'impasto verso l'alto. Trascorsa mezzora, schiacciate le forme di pane, capovolgetele e lasciatele quindi nuovamente riposare per un'altra mezzora. Con la punta di un coltello praticate sulla superficie del pane un'incisione circolare e passate a cuocere in forno caldo (220 °C) per circa 40 minuti.

PANE TOSCANO

◀ *Toscana* ▶

1,4 kg di farina di grano tenero, 60 g di lievito naturale.

Il tipico pane toscano è "sciocco", cioè senza sale, usanza questa che si estende anche all'Umbria, e all'alto Lazio, in corrispondenza dell'area occupata dall'antico popolo etrusco. Impastate la farina con il lievito e acqua tiepida necessaria a ottenere la giusta consistenza. Lavorate a lungo l'impasto e poi lasciatelo lievitare per diverse ore.
Al termine della lievitazione vanno confezionati dei pani a cui viene data la forma di filone o pagnotta del peso variabile, a cottura ultimata, da 500 g al chilo e più. Incidete la parte superiore con tagli trasversali a forma di croce e, poi, infornate a temperatura moderata (circa 210-220 °C).

Al termine della cottura il pane deve presentare la mollica alveolata e una crosta croccante. Si consuma tagliato a fette ed è il pane migliore per preparare bruschette, crostoni e *fettunte*.

PIADINA ROMAGNOLA

◀ *Emilia Romagna* ▶

500 g di farina, 150 g di strutto, 1 cucchiaino di sale.

Impastate la farina, il sale e lo strutto aiutandovi con l'acqua necessaria a ottenere un impasto piuttosto consistente. Dopo aver manipolato la massa per circa 10 minuti, suddividetela in tanti pezzi grossi come uova che stenderete a formare dei dischi sottili.
Man mano che preparate le piadine disponetele l'una sull'altra, infarinandole e proteggendole con un tovagliolo. Fate arroventare una padella di ferro (ideale sarebbe la pietra refrattaria) e cuocetevi le piadine da entrambi i lati, punzecchiandole con una forchetta. Man mano reimpilatele l'una sull'altra e proteggetele con un tovagliolo in modo che non si raffreddino.
Potrete gustarle farcite con prosciutto crudo o con formaggio oppure servirle in tavola come contorno.

PIZZA DI PATATE

◀ *Puglia* ▶

200 g di patate, 100 g di farina, 250 g di pomodori maturi e sodi, 2 acciughe sottosale, 100 g di olive nere, 1 cucchiaio di capperi sottosale, origano, olio extravergine di oliva, sale, peperoncino rosso.

Lessate le patate in acqua salata, sbucciatele e poi schiacciatele con il passa

32

patate, facendole ricadere sulla spianatoia infarinata. Unite la farina, una presa di sale e impastate il tutto fino a ottenere una pasta morbida e omogenea. Stendete la pasta di patate in una teglia per pizza unta d'olio e condite con i pomodori che avrete prima pelato, privato dei semi e tritato, le acciughe pulite dal sale e sminuzzate, le olive snocciolate, i capperi lavati e asciugati. Condite la pizza con sale, peperoncino, origano e un giro di olio, quindi fate cuocere in forno caldo (180 °C) per circa 30 minuti.

PIZZA DI SCAROLA

◀ Campania ▶

<u>Per la pasta</u>: 400 g di farina di frumento, 25 g di lievito di birra fresco, 50 g d'olio extravergine d'oliva, sale.
<u>Per il ripieno</u>: 800 g di scarola, 2 spicchi d'aglio, 2 cucchiai di capperi sottosale, 1 cucchiaio d'uva passa, 20 olive nere snocciolate, olio extravergine d'oliva, sale, peperoncino rosso in polvere.

Cominciate disponendo la farina a fontana sopra una spianatoia o su un tavolo adatto. Sbriciolatevi nel centro il lievito, scioglietelo con un cucchiaio d'acqua tiepida, aggiungetevi il sale, l'olio e tanta acqua quanta serve per ottenere un impasto facile da lavorare,

liscio e abbastanza morbido. Lavorate energicamente la pasta, sinché non sia diventata morbida ed elastica. Dovrà avere una consistenza che ricordi il lobo dell'orecchio. Quindi formate con l'impasto una palla, infarinatela, copritela con un canovaccio umido e lasciatela lievitare in un luogo caldo e al riparo da correnti d'aria, per circa 2 ore e mezza.

Nel frattempo occupatevi della scarola: lavatela e fatela lessare al vapore, quindi passatela in padella con dell'olio e gli spicchi d'aglio, insaporendola con sale e peperoncino poco prima di toglierla dal fuoco.

Quando la pasta sarà adeguatamente lievitata, stendetela su una spianatoia dividendola in due parti uguali. Con una parte foderate una teglia unta d'olio, quindi versatevi la scarola preventivamente mescolata ai capperi sciacquati, alle olive e all'uva passa lavata e lasciata rinvenire in poca acqua tiepida. Coprite con la pasta rimanente e mettete in forno a 180 °C per circa 40 minuti prima di servire (anche fredda).

PIZZA NAPOLETANA

◀ Campania ▶

<u>Per la pasta</u>: 400 g di farina di frumento, 25 g di lievito di birra fresco, 50 g d'olio extravergine d'oliva, sale.
<u>Per condire</u>: 400 g di pomodori pelati, 3 spicchi d'aglio, qualche foglia di basilico oppure origano, olio extravergine d'oliva, sale.

Cominciate disponendo la farina a fontana sopra una spianatoia o su un tavolo adatto. Sbriciolatevi nel centro il lievito, scioglietelo con un cucchiaio d'acqua tiepida, aggiungetevi il sale, l'olio e tanta acqua quanta serve per ottenere un impasto facile da lavo-

PIZZA RUSTICA ALLA CIPOLLA

◀ *Umbria* ▶

<u>Per la pasta</u>: 400 g di farina di frumento, 25 g di lievito di birra fresco, 50 g d'olio extravergine d'oliva, sale.

<u>Per condire</u>: 3 cipolle, rosmarino, olio extravergine d'oliva, sale.

Cominciate disponendo la farina a fontana sopra una spianatoia o su un tavolo adatto. Sbriciolatevi nel centro il lievito, scioglietelo con un cucchiaio d'acqua tiepida, aggiungetevi il sale, l'olio e tanta acqua quanta serve per ottenere un impasto facile da lavorare, liscio e abbastanza morbido.

Lavorate energicamente la pasta, sinché non sia diventata morbida ed elastica. Dovrà avere una consistenza che ricordi il lobo dell'orecchio. Quindi formate con l'impasto una palla, infarinatela, copritela con un canovaccio umido e lasciatela lievitare in un luogo caldo e al riparo da correnti d'aria, per circa 2 ore e mezzo. Trascorso tale tempo, infarinate nuovamente il tavolo o la spianatoia e stendete la pasta con il matterello in una sfoglia rotonda o rettangolare a seconda della teglia nella quale la farete cuocere. Disponete quindi l'impasto nella teglia unta d'olio o direttamente sulla piastra di cottura del forno, stendetevi sopra il sugo di pomodoro e lasciatelo riposare al caldo ancora per una ventina di minuti

rare, liscio e abbastanza morbido. Lavorate energicamente la pasta, sinché non sia diventata morbida ed elastica. Dovrà avere una consistenza che ricordi il lobo dell'orecchio. Quindi formate con l'impasto una palla, infarinatela, copritela con un canovaccio umido e lasciatela lievitare in un luogo caldo e al riparo da correnti d'aria, per circa 2 ore e mezza.

Trascorso tale tempo, infarinate nuovamente il tavolo o la spianatoia e stendete la pasta con il matterello in una sfoglia rotonda o rettangolare e conditela con i pomodori pelati e preventivamente schiacciati con una forchetta, bucherellate leggermente la superficie, salate e lasciate lievitare per una ventina di minuti.

Passate poi in forno caldo per circa 20 minuti, mantenendo una temperatura intorno ai 200-250 °C.

Sfornate, condite con una presa di origano oppure del basilico sminuzzato e l'aglio tritato, irrorate d'olio e rimettete in forno per poco più di 5 minuti prima di servire.

sfatti. Salate, pepate e alla fine incorporate il pangrattato.

Stendete la pasta in una teglia unta d'olio, ricopritela con le cipolle affettate, le fette di caciocavallo e la salsa di pomodoro e infornate in forno caldo per 15 minuti.

TARALLUCCI

◄ *Calabria* ►

300 g di farina, 2 uova, 2 cucchiai di vino bianco secco, 2 cucchiai d'olio extravergine d'oliva, sale, peperoncino rosso.

Impastate la farina con le uova, l'olio, il vino bianco, un pizzico di peperoncino e uno di sale.

Dividete l'impasto in cordoncini della lunghezza di circa 10 cm e chiudeteli a ciambella unendo le due estremità. In una pentola portate a ebollizione abbondante acqua salata e gettatevi i tarallucci; non appena vengono a galla scolateli con un mestolo forato e adagiateli sulla placca del forno unta d'olio. Fateli cuocere in forno caldo (180 °C) per una ventina di minuti.

Potete variare aromatizzando i tarallucci con semi di finocchio ed eliminando il peperoncino; oppure aggiungendo al composto 1 cucchiaio di salsa d'olive e poche olive sminuzzate.

35

dopo aver leggermente bucherellato la superficie con una forchetta. Trascorso questo tempo, infornate la teglia nel forno già caldo per una ventina di minuti circa, mantenendo una temperatura intorno ai 200-250 °C; poi sfornatela, e sistematevi sopra le cipolle crude finemente tagliate, le foglie di rosmarino sminuzzate e irrorate con un poco d'olio. Rimettete in forno caldo per altri 20 minuti.

Volendo potrete servire la pizza accompagnandola con prosciutto crudo salato a fette.

SFINCIUNI

◄ *Sicilia* ►

600 g di pasta di pane lievitata, 6 fette di caciocavallo fresco, 4 filetti d'acciuga, 6 pomodori, 3 cipolle, 1 spicchio d'aglio, 1 foglia di basilico, 1 cucchiaio di pangrattato, olio extravergine d'oliva, sale, pepe.

Rosolate nell'olio lo spicchio d'aglio, aggiungete i pomodori privati della buccia e tagliati a pezzetti, e la foglia di basilico, poi unite i filetti d'acciuga schiacciandoli finché saranno di-

SALSE E SUGHI

RAGÙ ALL'ACETO BALSAMICO

◄ *Emilia Romagna* ►

400 g di polpa di vitello, 100 g di pancetta, 1 manciata di funghi secchi, 3 pomodori pelati, 2 gambi di sedano, 1 cipolla, 1 carota, 2 foglie d'alloro, 1 pizzico di cannella in polvere, 50 g di burro, 2 cucchiai d'aceto balsamico, sale, pepe in grani.

Pulite anzitutto i gambi di sedano, la cipolla e la carota, poi tritateli. Versate il trito in un tegame, aggiungetevi un battuto di pancetta e fate rosolare il tutto insieme al burro, tenendo mescolato con un cucchiaio di legno. Lavate i funghi e lasciateli rinvenire in un po' d'acqua tiepida; tagliate a pezzettini la polpa di vitello. Quando il trito è rosolato in modo soddisfacente, versate i pomodori, schiacciateli con una forchetta, aggiungete la carne, lasciatela insaporire per qualche minuto a fuoco non eccessivo e quindi unite anche i funghi ben scolati, la cannella e le foglie d'alloro. Condite con sale, pepe macinato al momento, aceto e lasciate infine cuocere per un'ora a fuoco moderato, mescolando di tanto in tanto.

SUGO AI RICCI DI MARE

◄ *Sardegna* ►

30 ricci di mare, 400 g di pomodori maturi, 1 cipolla, 2 spicchi d'aglio, prezzemolo, zafferano, olio extravergine d'oliva, sale, pepe.

Pulite i ricci prelevandone la parte interna con l'aiuto di un cucchiaino. Fate rosolare in abbondante olio la cipolla tritata, poi unite i pomodori (pelati e privati dei semi) grossolanamente tritati;

bagnate con un mestolo d'acqua calda (anche brodo di pesce o vegetale) in cui avrete sciolto un po' di zafferano, salate e pepate. Proseguite la cottura per 15 minuti a fiamma bassa, quindi aggiungete la polpa dei ricci e un trito di prezzemolo e aglio.

Spegnete quando il pomodoro sarà giunto a cottura; se necessario unite un po' d'acqua o brodo caldi perché il sugo non risulti troppo asciutto.

SUGO ALLA SORRENTINA

◄ *Campania* ►

300 g di pomodori maturi e sodi, 1 ciuffo di prezzemolo, qualche foglia di basilico, 1/2 limone, olio extravergine d'oliva, sale, pepe.

Tuffate i pomodori in acqua bollente così da riuscire poi a pelarli con facilità, quindi privateli dei semi e tritateli o tagliateli a filettini. Mettete i pomodori in una terrina e conditeli con il succo di limone, sale, pepe macinato al momento, un trito fine di prezzemolo, qualche foglia di basilico sminuzzata e un giro di olio. Coprite il recipiente e fate riposare in luogo fresco così che i sapori si amalgamino.

Utilizzate il sugo per condire gli spaghetti o gli gnocchi.

Salsa *PEARÀ*

◀ *Veneto* ▶

80 g di midollo di bue, 300 g di pangrattato, 3 dl c. di brodo di carne, sale, pepe in grani.

Questa tipica salsa veneta richiede l'utilizzo di un pentolino di coccio dai bordi alti, pangrattato ottenuto grattugiando preferibilmente "rosette" o comunque pane comune non al latte, brodo filtrato e sgrassato ottenuto da carni miste.

◆ Ponete al fuoco il pentolino protetto da una retina frangifiamma e fatevi sciogliere il midollo, quindi sfarinate il pangrattato e mescolate in modo che assorba bene il grasso.

◆ Stemperate il tutto con il brodo di carne caldo, mescolando con cura in modo che non si formino grumi; lasciate sobbollire su fiamma bassa per circa 2-3 ore, mescolando di tanto in tanto. Prima di spegnere aggiustate di sale e insaporite con un'abbondante macinata di pepe.

◆ Volendo è possibile diminuire la dose di midollo e condire inizialmente il pangrattato con burro fuso o olio. Inoltre potrete sostituire il pepe con rafano grattugiato di fresco e aggiungere del parmigiano grattugiato prima di spegnere.
La salsa si accompagna per tradizione al bollito misto: ogni commensale ne distribuisce una porzione (in genere particolarmente abbondante) sulla carne già affettata nel piatto.

PRIMI PIATTI

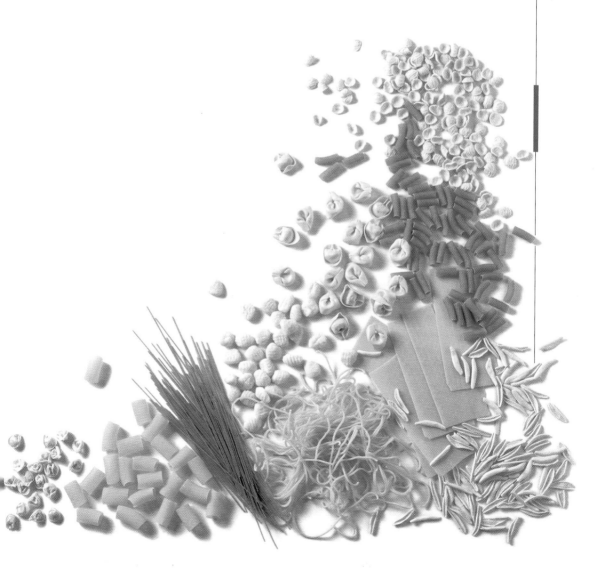

ACQUA COTTA

◄ *Toscana* ► 📷

2 cipolle, 2 pomodori, 1 gambo di sedano, 1 uovo per commensale, rosmarino, olio extravergine d'oliva, sale, fette di pane casereccio.

Questa zuppa, comune anche ad altre regioni, ha spesso ingredienti diversi (peperoni, zucchine, bietole ecc.) proprio perché è sua prerogativa utilizzare le verdure di stagione presenti sul posto. In una pentola di coccio, leggermente unta d'olio, stufate le cipolle affettate, il sedano e i pomodori freschi. Dopo circa 30 minuti, unite alle verdure dell'acqua già calda, sale e qualche foglia di rosmarino tritata. Mentre la zuppa bolle (basteranno ancora 5 minuti), sbattete le uova e versatele sopra le fette di pane che avrete prima fatto tostare e disposto nei piatti dei singoli commensali. Coprite infine il pane e l'uovo sbattuto con la zuppa bollente e servite.

AGNOLOTTI AL TARTUFO

◄ *Valle d'Aosta, Piemonte* ►

<u>Per la sfoglia</u>: *400 g di farina, 4 uova, sale.*
<u>Per il ripieno</u>: *150 g di carne magra di maiale, 150 g di prosciutto crudo, 100 g di carne di vitello, 50 g di burro, 1/2 tartufo, 1 uovo, vino bianco secco, 1 manciata di parmigiano grattugiato, sale, pepe.*
<u>Per condire</u>: *1/2 tartufo, parmigiano grattugiato, burro.*

Mettete anzitutto in un pentolino il burro, la carne di vitello e la carne di maiale macinate, il prosciutto tritato, metà del tartufo (bianco o nero) pulito e tagliato a sottili fettine con il tagliatartufi, l'uovo, il parmigiano, sale e pepe. Fate cuocere a fuoco basso legando bene tutti gli ingredienti e bagnando –

solo se occorre – con poco vino bianco. Quando il tutto è ben cotto preparate la sfoglia impastando tra loro gli ingredienti e manipolate fino a ottenere un composto di consistenza soda e superficie lucida.

Infarinate il piano di lavoro e con l'aiuto del matterello (e/o di una macchinetta per la pasta) tirate la pasta a sfoglia sottilissima e su metà di essa disponete un poco del ripieno in tanti mucchietti. Quindi ripiegate e tagliate con la rondella, dando la forma preferita; lasciate poi asciugare i ravioli per una mezzora all'aria sopra un canovaccio.

Nel frattempo in una pentola scaldate abbondante acqua salata e appena rompe il bollore, gettatevi gli agnolotti scolandoli poi man mano che vengono a galla con l'aiuto di un mestolo forato. Disponeteli quindi sopra un piatto da portata caldo e cospargeteli con parmigiano grattugiato e burro fuso, spolverizzando con il mezzo tartufo rimasto.

AGNOLOTTI
ALLA NAPOLETANA

◄ *Campania* ►

<u>Per la sfoglia</u>: *400 g di farina, 4 uova, sale.*
<u>Per il ripieno</u>: *300 g di ricotta, 2 uova, 1 grossa mozzarella, 1 manciata di foglie di basilico, sale, pepe in grani.*
<u>Per il ragù</u>: *300 g di polpa di manzo, 500 g di polpa di pomodoro, 1 cipolla, qualche foglia di basilico, vino rosso, olio extravergine d'oliva, sale, pepe.*

Preparate la sfoglia manipolando tra loro gli ingredienti fino a ottenere un impasto di consistenza soda e superficie lucida. Nel frattempo preparate il ripieno lavorando in una terrina la ricotta, le uova, il basilico e la mozzarella tritati, sale e una macinata di pepe fresco. Met-

tete al fuoco anche il ragù: fate ammorbidire la cipolla tritata in un tegame di coccio insieme con qualche cucchiaio d'olio, unite quindi la carne tagliata a pezzettini e lasciate rosolare mantenendo mescolato. Salate e bagnate con uno spruzzo di vino; dopo qualche minuto aggiungete la polpa di pomodoro. Cuocete su fiamma bassa per circa un'ora e prima di spegnere insaporite con il basilico spezzettato e pepe. Stendete la sfoglia sul piano di lavoro infarinato e tagliatela in grossi cerchi; nel mezzo di ciascun cerchio distribuite un po' di ripieno, poi ripiegate la sfoglia e formate gli agnolotti premendo bene sui bordi. Lessate gli agnolotti in abbondante acqua salata, scolateli e serviteli condendo con il ragù di carne e volendo con parmigiano (o pecorino) grattugiato.

AGNOLOTTI FRIULANI

◄ *Friuli Venezia-Giulia* ►

Per la sfoglia: 400 g di farina, 4 uova, sale.
Per il ripieno: 400 g di patate, 1 cipolla, 3 foglie di menta, cannella, 1 bicchierino scarso di cognac, sale, pepe.
Per condire: ricotta affumicata, burro.

Preparate l'impasto per la sfoglia unendo alla farina le uova e un pizzico di sale; lavorate bene con le mani la pasta e lasciatela riposare coperta per mezzora circa. Per il ripieno, intanto, lessate e sbucciate le patate, passatele poi allo schiacciapatate. Lavorate il purè di patata con sale, pepe, il cognac, la menta tritata e un pizzico di cannella. In un tegamino rosolate la cipolla affettata sottilmente con un po' di burro; unitela alle patate, amalgamando bene. Tirate la sfoglia e tagliatela a quadri, distribuitevi sopra tanti mucchietti di ripieno, ripiegatela e formate gli agnolotti. Fate cuocere gli agnolotti in abbondante acqua salata, scolateli e serviteli condendoli con burro fuso e ricotta affumicata grattugiata.

BRODETTO DI PESCE

◄ *Marche* ►

1,2 kg di pesce misto (palombo, merluzzo, coda di rospo, cicale, triglie ecc.), 500 g di seppioline, 1 cipolla, prezzemolo tritato, 1 puntina di zafferano, 1 bicchiere abbondante di vino bianco secco, 1 cucchiaio d'aceto, 1 bicchiere d'olio extravergine d'oliva, sale, pepe, crostini di pane.

Pulite i pesci e dividete i più grossi in pezzi regolari; togliete alle seppie la vescichetta dell'inchiostro, gli occhi e l'osso e tagliatele a listerelle. Lavate tutti i pesci in abbondante acqua salata e sgocciolateli per bene. In una casseruola fate imbiondire la cipolla con l'olio; quando è dorata, unite le seppie e lo zafferano sciolto in poca acqua calda. Non appena le seppie si saranno colorate di giallo, salatele, pepatele e versate tanta acqua quanta basta a coprirle; lasciatele quindi cuocere lentamente per una mezzora.
Prendete a questo punto un largo tegame a due manici (in modo da poter smuovere il pesce senza usare mestoli o forchette) disponendovi sul fondo uno strato di cicale, se avete deciso di utilizzarle, poi le seppie già cotte e i tranci di pesce più resistenti, in ultimo quelli più delicati; versatevi l'intingolo delle seppie ben caldo. Quando tutto è sistemato nel tegame, ricoprite i pesci quasi completamente versando vino, aceto e acqua calda in parti uguali; aggiustate di sale e pepe e fate cuocere a fuoco vivo per un quarto d'ora, scuotendo di tanto in tanto il tegame. Servite la zuppa ben calda con i crostini di pane abbrustoliti.

BUCATINI ALL'AMATRICIANA

◀ *Lazio* ▶

400 g di bucatini, 200 g di guanciale magro di maiale o pancetta tesa, 300 g di pomodorini maturi e sodi, 1/2 cipolla, pecorino grattugiato, olio extravergine d'oliva, sale, peperoncino rosso in polvere.

Tagliate il guanciale a dadini e rosolatelo in alcuni cucchiai d'olio: non appena il grasso si sarà sciolto, prelevatelo dal tegame e tenetelo da parte. Nel fondo di cottura fate imbiondire la cipolla finemente tritata, quindi unite i pomodori (che avrete prima sbollentato in acqua in modo da pelarli) privati dei semi e tagliati a filettini. Salate e lasciate asciugare il sugo per una decina di minuti, quindi mettete nuovamente a cottura il guanciale e insaporite con il peperoncino. Utilizzate il sugo per condire i bucatini lessati in abbondante acqua salata e scolati al dente, completando con un'abbondante spolverata di pecorino grattugiato.

In origine la ricetta non prevedeva, o quasi, l'utilizzo del pomodoro, quindi volendo è possibile evitarne o diminuirne l'impiego.

BUCATINI *AMMUDICATI*

◀ *Basilicata* ▶

400 g di bucatini, 5 acciughe sottosale, 100 g di pangrattato, 1/2 bicchiere di olio extravergine d'oliva, sale, pepe.

In un tegamino scaldate l'olio e quindi fateci sciogliere le acciughe pulite dal sale, diliscate e tagliate a pezzetti. In un altro tegamino, fate leggermente dorare il pangrattato, mescolandolo con un cucchiaio di legno e insaporite con sale e una buona macinata di pepe.

Lessate gli spaghetti in abbondante acqua salata, scolateli bene al dente e conditeli con l'olio alle acciughe. Serviteli in tavola accompagnandoli con il pangrattato che verrà utilizzato dai commensali a mo' di formaggio grattugiato.

BUCATINI CON SUGO D'AGNELLO

◀ *Abruzzo, Molise* ▶

400 g di bucatini, 200 g di polpa d'agnello, 2 spicchi d'aglio, 1 rametto di rosmarino, 2 foglie d'alloro, 400 g di polpa di pomodoro, vino rosso, pecorino grattugiato, olio extravergine d'oliva, sale, pepe.

Tagliate l'agnello in piccoli pezzi e rosolateli in abbondante olio insieme con l'aglio (che toglierete appena avrà preso colore), rosmarino e alloro. Bagnate con un po' di vino e lasciate evaporare. A questo punto aggiungete anche la polpa di pomodoro, sale e pepe e portate a termine la cottura su fiamma bassa.

Nel frattempo lessate i bucatini in abbondante acqua salata, scolateli e mescolateli al sugo completando con una spolverata di pecorino grattugiato.

CANEDERLI

◀ *Trentino-Alto Adige* ▶

400 g di mollica di pane raffermo, 100 g di pancetta affumicata, 50 g di salame, 1,5 l c. di brodo, 2 uova, farina bianca q.b., latte, prezzemolo, olio extravergine d'oliva, grana grattugiato, sale.

Tagliate la mollica di pane a dadini e inumiditela nel latte senza farla impregnare troppo; quindi strizzatela delicatamente. Nel frattempo rosolate in poco olio la pancetta e il salame tagliati a

45

cubetti e poi mescolateli alla mollica, a un po' di farina, a una manciata di prezzemolo tritato e alle uova. Salate e lavorate il tutto in modo da ottenere un impasto uniforme e alquanto consistente con il quale formare delle polpette rotonde, grosse quanto un mandarino. Portate a bollore il brodo, abbassate la fiamma in modo che rimanga in leggero fremito e fate cuocere i canederli per 20 minuti circa, finché s'affacciano in superficie. Presentate i canederli in brodo di carne caldo o, se preferite, asciutti e conditi con salsa di pomodoro oppure, ancora, con burro fuso e grana grattugiato.

CAPPELLETTI IN BRODO

◀ *Emilia Romagna* ▶

<u>Per il brodo</u>: 500 g di polpa di manzo, 500 g di polpa di vitello, 1/2 gallina, 1 cipolla, 1 carota, 1 gambo di sedano, 1 pomodoro, chiodi di garofano, 1 foglia d'alloro, sale, pepe in grani.
<u>Per la sfoglia</u>: 400 g di farina, 4 uova, sale.
<u>Per il ripieno</u>: 100 g di petto di pollo, 100 g di lombo di maiale, 100 g di vitello, 150 g di prosciutto crudo, 1 fetta di mortadella, 100 g di parmigiano grattugiato, 2 uova, noce moscata, burro, sale, pepe.

Iniziate preparando un buon brodo: pulite e fiammeggiate la gallina e ponetela con l'altra carne in una pentola con 1,5 l d'acqua fredda e una presa di sale. Cuocete a fuoco moderato e non appena viene raggiunto il bollore unite anche le verdure (nella cipolla avrete infisso 1-2 chiodi di garofano), qualche grano di pepe e la foglia d'alloro. Lasciate sobbollire piano per circa un'ora e mezza schiumando regolarmente. A fine cottura prelevate la carne dal brodo e filtrate quest'ultimo dalle verdure. Per sgrassarlo perfettamente

lasciatelo prima raffreddare con una spatola di legno e privatelo poi del grasso che, rapprendendosi, sarà raccolto in superficie.
In una teglia cuocete con poco burro la carne. Tritatela poi insieme con il prosciutto crudo e la mortadella; amalgamate il tutto con le uova, il parmigiano grattugiato, un pizzico di noce moscata e, infine, il sale e il pepe. Preparate la sfoglia impastando tra loro gli ingredienti e manipolando fino a ottenere un impasto di consistenza soda e superficie lucida. Infarinate il piano di lavoro e con l'aiuto del matterello (e/o di una macchinetta per la pasta) tiratela in sfoglie sottili che ritaglierete in tanti quadratini. Sopra ogni quadratino di pasta distribuite un po' del ripieno. Chiudeteli a triangolo, facendoli girare intorno a un dito, attaccando le due estremità insieme e rovesciandone esternamente il lembo. Non rimane che cuocere i cappelletti nel brodo di carne e servire con una spolverata di parmigiano grattugiato.

CASONCELLI

◀ *Lombardia* ▶

<u>Per la sfoglia</u>: 500 g di farina bianca, 1 pizzico di sale, 5 uova.
<u>Per il ripieno</u>: 300 g di carne di manzo, 1 carota, 1 gambo di sedano piccolo, 1/2 cipolla, 1 chiodo di garofano, 1 pizzico di noce moscata, 3-4 foglie di basilico, 1 uovo, 1/2 bicchiere di vino rosso corposo, 50 g di grana grattugiato, 50 g di pangrattato fine, burro, 2 cucchiai d'olio extravergine d'oliva, sale, pepe.
<u>Per condire</u>: qualche fogliolina di salvia, 100 g di grana grattugiato, 120 g di burro.

Per prima cosa preparate la pasta impastando sulla spianatoia la farina con un pizzico di sale, 4 uova intere e un tuor-

casoncelli per circa 10 minuti in abbondante acqua salata; scolateli molto bene e conditeli in una zuppiera calda con il burro fuso insaporito con la salvia e il grana grattugiato. Lasciateli poi riposare per qualche istante prima di servirli perché si insaporiscano meglio.

CAVATIEDDI CON LA RUCOLA

◁ Puglia ▷

Per i cavatieddi: 250 g di farina bianca, 100 g di semola, sale.

Per condire: 500 g di pomodori maturi e sodi, 300 g di rucola, 1 spicchio d'aglio, olio extravergine d'oliva, ricotta stagionata, sale, peperoncino rosso.

Mescolate la farina con la semola e una presa di sale, quindi impastatela con un po' di acqua tiepida, lavorandola fino a ottenere un impasto omogeneo e morbido, che suddividerete prima in lunghi cilindri grossi 1/2 cm circa, e quindi in tanti pezzettini della dimensione di un cannellino. Strisciate ogni pezzettino di pasta sul piano di lavoro con la punta arrotondata del coltello, in modo da ottenere delle piccole conchigliette allungate e avvolte su se stesse, che lascerete poi asciugare su un canovaccio infarinato.

In un tegame fate scaldare dell'olio con gli spicchi di aglio schiacciati, unite quindi i pomodori che avrete prima pelato, privato dei semi e grossolanamente tritati.

Insaporite con sale e peperoncino e lasciate asciugare il sugo su fiamma moderata per circa 15 minuti.

Mondate la rucola, scottatela

47

lo e, se necessario, un po' d'acqua. Impastate bene per circa 10 minuti quindi tirate due sfoglie sottili avendo cura di non farle asciugare.

In un tegame fate soffriggere una noce abbondante di burro e l'olio extravergine d'oliva con la cipolla affettata finemente; unite la carne che dovete lasciar dorare per bene da tutti i lati, quindi spruzzate con il vino e lasciate evaporare. Dopo aver aggiunto le verdure tagliate a pezzettini, il chiodo di garofano, il basilico tritato, sale, pepe e un pizzico di noce moscata, lasciate cuocere a tegame coperto per 2 ore e mezza, bagnando, se necessario, con poca acqua calda. A cottura ultimata, tritate fine la carne e passate le verdure al setaccio. Mettete ora il composto in una terrina, unite il pangrattato, il grana grattugiato e il tuorlo d'uovo. Amalgamate bene il tutto e aggiustate di sale.

Su una sfoglia di pasta distribuite tante piccole noci del ripieno preparato a distanza di un dito e coprite con l'altra sfoglia. Pigiate con le dita intorno a ogni pallina di ripieno per chiudere bene il composto. Con un tagliapasta a rotella dividete i casonsèi in pezzi di circa 4 cm che lascerete asciugare su di un panno leggermente infarinato.

Al momento di servire, fate cuocere i

per pochi istanti in acqua salata, scolatela, strizzatela e tritatela finemente.

Nella stessa acqua di cottura della rucola lessate i *cavatieddi*, quindi scolateli al dente e spadellateli nel sugo di pomodoro aggiungendo anche la rucola. Rimescolate e servite dopo aver spolverato di ricotta grattugiata e insaporito con ancora un po' di peperoncino.

CIUPPIN

◀ *Liguria* ▶

1,5 kg di pesce misto (scorfano, sampietro, acciughe…), 4 pomodori maturi e sodi, 1 cipolla media, 1 carota, 1/2 gambo di sedano, 1 ciuffo di prezzemolo, 1 spicchio d'aglio, 1 bicchiere di vino bianco secco, olio extravergine d'oliva, sale, pepe, fette di pane.

Mondate e tritate finemente cipolla, carota, sedano e aglio, quindi rosolate il trito in una casseruola con qualche cucchiaio di olio; quando la cipolla sarà diventata trasparente bagnate con il vino. Non appena quest'ultimo sarà quasi del tutto evaporato, unite al soffritto i pomodori che avrete prima pelato, privato dei semi e grossolanamente tritato. Mescolate per qualche istante, versate 1,5 l di acqua bollente salata e fate cuocere a fuoco moderato per 15 minuti circa.

Nel frattempo pulite, lavate e, se necessario, tagliate a pezzi i pesci; metteteli poi a cottura nel brodo: iniziate da quello con carni più sode e compatte e poi unite gli altri, così che al termine risultino tutti contemporaneamente cotti. Salate, pepate e proseguite la cottura per altri 15 minuti.

Togliete la zuppa dal fuoco e passatela al setaccio pressando bene con un cucchiaio di legno in modo da ottenere un "passato di pesce" (*ciuppin*) che rimetterete al fuoco in una pentola di coccio. Aggiustate di sale e pepe e spolverate con prezzemolo finemente tritato e, se la zuppa fosse di consistenza troppo soda, allungatela con qualche mestolo di acqua calda salata. Non appena il *ciuppin* riprende il bollore, servitela accompagnandola con fette di pane fatte prima tostare in forno o in un tegame leggermente unto d'olio.

CULINGIONIS DI PATATA

◀ *Sardegna* ▶

<u>Per la pasta</u>: *500 g di farina, strutto, sale.*
<u>Per il ripieno</u>: *600 g di patate, 300 g di pecorino saporito grattugiato, 2 spicchi d'aglio, menta, sale.*
<u>Per condire</u>: *300 g di salsa di pomodoro, 100 g di pecorino ben stagionato grattugiato.*

Formate con la farina la classica fontana, unite lo strutto e l'acqua necessari a ottenere un impasto morbido che la-

vorerete a lungo e poi lascerete riposare per qualche tempo coperto con un canovaccio.

Nel frattempo, lessate le patate, pelatele e schiacciatele dentro una zuppiera; unite il pecorino grattugiato, qualche fogliolina di menta e l'aglio tritati e aggiustate di sale.

Stendete la pasta così da ottenere una sfoglia sottile e ricavatene dei dischi del diametro di circa 7 centimetri. Ponete al centro dei dischi una piccola quantità di composto di patate, ripiegateli e chiudeteli pizzicandoli sui bordi così da ricavarne delle specie di spighe. Fate cuocere i *culingionis* in abbondante acqua salata, scolateli, distribuiteli in una pirofila e conditeli con la salsa di pomodoro calda e il pecorino stagionato grattugiato. Passateli poi per una decina di minuti in forno a calore moderato prima di servirli.

FUSILLI CON LE FAVE

◁ *Basilicata* ▷

400 g di fusilli, 400 g di fave fresche, 400 g di pomodori maturi e sodi, 2 spicchi d'aglio, qualche foglia di basilico, olio extravergine d'oliva, sale, peperoncino rosso.

Pulite le fave eliminando l'"occhietto" nero, quindi mettetele a cottura in un tegame in cui avrete prima fatto rosolare un trito d'aglio in qualche cucchiaio d'olio. Lasciate insaporire, poi unite i pomodori che avrete pelato tuffandoli in acqua bollente, privato dei semi e tritato.

Condite con sale e un pizzico di peperoncino e proseguite la cottura su fiamma moderata, unendo di tanto in tanto

un po' d'acqua calda; prima di spegnere insaporite con le foglie di basilico spezzettate.

Lessate la pasta in abbondante acqua salata, quindi scolatela al dente e conditela con il sugo di fave e un giro d'olio crudo.

GNOCCHI ALLA VALDOSTANA

◁ *Valle d'Aosta, Piemonte* ▷

200 g di farina di mais grossa, 100 g di farina di mais fine, 150 g di fontina, 2 uova, 1 l di latte, noce moscata, grana grattugiato, burro, sale, pepe.

In una pentola mettete il latte e quando sta per bollire versatevi insieme le farine e un pizzico di sale, mescolando e cuocendo come si fa per una normale polenta.

Quando sarà cotta (dopo circa 40 minuti) aggiungete, amalgamando bene, la fontina tagliata a cubetti, un cucchiaio di burro e un pizzico di noce moscata.

Lasciate intiepidire, quindi incorporate i due tuorli d'uovo e stendete su un piano la pasta allo spessore di un centimetro.

Quando la pasta si sarà raffreddata ritagliate dei cerchietti usando un bicchiere del diametro di 4 o 5 cm e disponeteli a scaletta in una pirofila rettangolare precedentemente imburrata.

Spolverate con parmigiano grattugiato e pepe, condite con burro fuso e gratinate in forno caldo per una decina di minuti, quindi servite.

49

GNOCCHI DI PATATE

◀ *Veneto* ▶

Per gli gnocchi: 1 kg di patate, 200 g c. di farina, qualche foglia di salvia, burro, sale.
Per la salsa: 800 g di pomodori maturi e sodi, 1 mazzetto di basilico, 1/2 cucchiaino di zucchero, olio extravergine d'oliva, sale, pepe.

Lessate le patate, quindi sbucciatele e schiacciatele ancora calde con l'apposito schiacciapatate, lasciandole cadere sopra una spianatoia. Lavoratele poi con mano leggera incorporandovi sale e la farina necessaria a ottenere una giusta consistenza (gli gnocchi riescono morbidi se si preparano con poca farina, usando il tipo di patate più adatto). Con l'impasto ottenuto formate dei cilindri grossi un dito, quindi tagliateli a pezzetti cui darete la caratteristica forma di "gnocco" passandoli con l'indice sul rovescio di una grattugia. Preparate la salsa di pomodoro: lavate i pomodori, tuffateli in acqua bollente per riuscire a pelarli facilmente e privateli della parte verde che li univa alla pianta, quindi passateli al passaverdura. Se vi accorgete che i pomodori sono ricchi d'acqua è bene lasciarli sgrondare su un piano inclinato per almeno un quarto d'ora prima di passarli. Mettete il passato di pomodoro al fuoco con un giro d'olio e lasciate asciugare per circa 30 minuti su fiamma moderata, condendo con sale e zucchero. Poco prima di spegnere insaporite con pepe e basilico sminuzzato.
In un tegamino a parte lasciate imbrunire una buona dose di burro, aromatizzandolo con qualche fogliolina di salvia. In una pentola capiente portate a bollore abbondante acqua salata, quindi tuffatevi gli gnocchi, pochi per volta. Appena salgono a galla, scolateli aiutandovi con una schiumarola e distribuiteli nei piatti dei commensali condendoli con la salsa di pomodoro e un po' di burro fuso.
Gli gnocchi, oltre che con la salsa di pomodoro, potranno essere conditi anche con ragù di carne, gorgonzola o, ancora, con burro fuso e cannella.

JOTA

◀ *Friuli Venezia-Giulia* ▶

500 g di crauti, 200 g di fagioli borlotti secchi, 2 patate, 2 cucchiai di farina, 300 g di pancetta, 2 foglie d'alloro, 1 pizzico di semi di cumino, 1/2 bicchiere d'olio extravergine d'oliva, sale, pepe.

Fate ammollare i fagioli in acqua per tutta la notte e il giorno dopo lessateli in acqua rinnovata. Dopo circa un'ora aggiungete le patate sbucciate e tagliate a pezzi piuttosto grossi. Nel frattempo, in un'altra pentola, fate abbrustolire la farina nell'olio, stando attenti che non bruci; quando sarà scura unite i crauti, la pancetta tagliata a dadini, i semi di cumino, l'alloro, sale e pepe. Coprite tutto d'acqua e cuocete fino a quando il liquido si sarà

...o. Versate ora i crauti nella pen-
... i fagioli e le patate e proseguite la cottura per altri 20 minuti, di tanto in tanto mescolate e infine regolate
di sale.

Prima di servire lasciate riposare la *jota*
per un po'; ancora meglio se potrete
prepararla il giorno prima.

LASAGNE AL FORNO

◀ *Emilia Romagna* ▶ 📷

Per la pasta: 400 g di farina, 4 uova, sale.
Per la besciamella: 50 g di burro, 50 g di farina,
1/2 l di latte, noce moscata, sale, pepe.
Per il sugo: 150 g di polpa di manzo tritata, 1
fetta di prosciutto cotto di 50 g, 50 g di salsiccia,
300 g di polpa di pomodoro, 1/2 cipolla, 1/2
carota, 1/2 gambo di sedano, 1 spicchio d'aglio,
alloro, salvia, basilico, 1 chiodo di garofano, cannella, 1/2 bicchiere di vino rosso, olio extravergine d'oliva, sale, pepe.
Per legare: 2 mozzarelle, parmigiano grattugiato,
burro, sale.

Preparate la sfoglia impastando e manipolando tra loro gli ingredienti fino a
ottenere un impasto di consistenza soda e superficie lucida. Infarinate il piano di lavoro e con l'aiuto del matterello (e/o di una macchinetta per la pasta) tirate la pasta a sfoglia sottilissima,
tagliatela a rettangoli 8x16 centimetri.
Fate bollire abbondante acqua salata e
cuocete la sfoglia per pochi minuti;
scolatela e passatela in una pentola
d'acqua fredda in modo da fermare
immediatamente la cottura, quindi
stendetela ad asciugare su dei canovacci da cucina.
Passate poi a preparare il sugo: pulite e
tritate cipolla, carota, sedano e aglio;
tritate anche il prosciutto. In un tegame rosolate la salsiccia con un po' d'o-
lio, quindi unite il trito di verdure e il

prosciutto e, mescolando, lasciate ammorbidire. Prima che prendano colore
aggiungete la polpa macinata e fate colorire uniformemente; bagnate con il
vino, lasciate evaporare, quindi unite il
pomodoro, l'alloro, le spezie, il sale.
Abbassate la fiamma e lasciate sobbollire per circa un'ora a pentola coperta: il
sugo dovrà risultare abbastanza liquido
perché servirà a "bagnare" i vari strati
del pasticcio. Nel frattempo preparate
anche la besciamella: in una casseruola
fate sciogliere il burro su fiamma bassa
e, aiutandovi con un cucchiaio di legno, amalgamatevi bene la farina. A
questo punto (sostituite il cucchiaio
con una frusta se vi sentite più sicuri)
diluite il tutto con il latte che avrete
precedentemente scaldato senza però
fargli raggiungere il bollore. Il latte va
aggiunto poco alla volta, senza stancar-
vi mai di mescolare, soltanto così evi-
terete la formazione di grumi. Continuate a mescolare ritmicamente finché
non sentirete che la salsa si sta adden-
sando e, non appena inizieranno a formarsi le prime bollicine del bollore,
contate 10 minuti di cottura. Continuate a mescolare e poco prima di spegnere unite sale, pepe e un pizzico di
noce moscata. Qualora la salsa vi ser-
visse più densa potrete aumentare le
dosi di burro e farina (che però devono sempre essere in eguali quantità) e
tenere invariata quella del latte, oppure
potrete fare raddensare di più la salsa
sul fuoco al momento del bollore. Sul
fondo di una teglia rettangolare unta
d'olio, distribuite un po' di sugo e un
po' di besciamella amalgamandoli con
un cucchiaio di legno. Disponete un
primo strato di lasagne e conditelo con
mozzarella a dadini e parmigiano; fate
un altro strato di pasta e su di esso distribuite sugo e besciamella. Proseguite
così alternando gli strati fino a esauri-

mento degli ingredienti, terminando con sugo e besciamella.

Spolverate con parmigiano, distribuite qualche fiocchetto di burro e passate a cuocere in forno caldo per circa 40 minuti, quindi sfornate e servite.

MACCHERONI CON RICOTTA E SALSICCIA

◀ *Calabria* ▶

400 g di maccheroni, 400 g di ricotta fresca, 200 g di salsiccia, pecorino grattugiato, sale, pepe in grani.

Spellate la salsiccia, sgranatela bene e fatela cuocere su fiamma bassa in un tegame con poca acqua in modo che non rosoli. In una zuppiera lavorate con cura la ricotta con una forchetta di legno, quindi unite la salsiccia, sale e abbondante pepe macinato fresco.

Lessate la pasta in abbondante acqua salata, scolatela al dente lasciandole un po' dell'acqua di cottura, quindi amalgamatela alla ricotta e completate con abbondante pecorino.

MALLOREDDUS

◀ *Sardegna* ▶ 📷

250 g di semola fine, 150 g di farina bianca, zafferano, sale.

Unite la farina di semola alla farina bianca e sistematele a fontana sopra una spianatoia, nel centro versate una tazza e mezza d'acqua tiepida con qualche presa di zafferano precedentemente sciolto; aggiungete un pizzico di sale e amalgamate tutto con cura. Quando la pasta risulterà omogenea, formate dei piccoli cilindri che dividerete in tocchetti di un paio di centimetri; passate i malloreddus sull'apposito

strumento oppure sul retro della grattugia, per rigarli esternamente. Distribuiteli su vassoi e lasciateli asciugare: i malloreddus vanno utilizzati ben asciutti ed è bene quindi prepararli con un paio di giorni d'anticipo.

Servite in tavola i malloreddus con uno dei sughi di seguito consigliati.

Sugo al pecorino

400 g di pecorino sardo fresco, zafferano, sale.

Portate a bollore abbondante acqua, salatela e versatevi i malloreddus. Mentre cuociono grattugiate il pecorino, mettetelo in un recipiente e fatelo sciogliere a bagnomaria; fate tostare sulla fiamma dello zafferano, sfarinatelo, scioglietelo in poca acqua calda salata e mescolatelo al formaggio.

Condite con il composto i malloreddus, che avrete scolato al dente e servite immediatamente.

Sugo con le patate

400 g di patate, 200 g di cipolle, pecorino grattugiato, olio extravergine d'oliva, sale, pepe in grani.

Sbucciate le patate e tagliatele a cubettini, affettate le cipolle. Portate a bollore una pentola d'acqua salata e ponete a cuocere le patate; dopo circa 15 minuti versate i malloreddus. Scolate sia la pasta sia le patate al dente e passate tutto in un tegame nel quale, nel frattempo, avrete fatto rosolare le cipolle finemente affettate con alcuni cucchiai d'olio. Spadellate per qualche istante su fiamma moderata, condendo con pecorino e una buona macinata di pepe.

MILLE COSEDDE

◀ *Calabria* ▶

350 g di pasta corta, 150 g di fave secche, 150 g

di ceci secchi, 150 g di fagioli secchi, 1/2 verza, 1 cipolla, 1 carota, 1 gambo di sedano, 50 g di pancetta affumicata, pecorino grattugiato, olio extravergine d'oliva, sale, pepe, peperoncino rosso.

Mettete in ammollo, in acqua tiepida, i legumi per 24 ore; l'indomani, scolateli, versateli in una pentola con acqua rinnovata e fateli cuocere (salateli solo al termine della cottura).
Pulite la verza, tagliandola sottilmente; tritate la carota, la cipolla e il sedano insieme con la pancetta e fate rosolare il tutto in una pentola con abbondante olio. Mantenendo una fiamma moderata, unite i legumi scolati, la verza e 2 l d'acqua; aggiustate di sale e insaporite con peperoncino.
Ai primi bollori versate la pasta e quando sarà cotta servite accompagnando con abbondante pecorino grattugiato.

55

MINESTRA *MARITATA*

◀ *Campania* ▶

500 g di scarola, 500 g di cicoria, 1/2 cavolo cappuccio, 2 gambi di sedano, 350 g di piccoli finocchi, 100 g di lardo, 100 g di caciocavallo stagionato, 3/4 di l di brodo, sale, peperoncino rosso.

Scottate separatamente in acqua salata bollente le diverse verdure così che risultino al dente, quindi tagliatele grossolanamente. Portate a bollore il brodo con il lardo tagliato a dadolini e lasciate sobbollire per una decina di minuti.
Distribuite strati di verdura all'interno di una casseruola di coccio, alternandoli con il caciocavallo tagliato a dadini e bagnando con il brodo; insaporite con un pezzetto di peperoncino e spolverate di sale. Coprite e fate cuocere su fiamma moderata per 15-20 minuti; prima di servire lasciate riposare a

pentola coperta per ancora un quarto d'ora. Altre versioni di questa ricetta prevedono anche l'impiego di salsiccia di maiale.

MINESTRONE SARDO

◀ Sardegna ▶

1,5 kg di verdure di stagione, 200 g di mallored-dus (vedi ricetta precedente), finocchio selvatico, olio extravergine d'oliva, sale, pepe in grani.

Pulite, lavate e tagliate a pezzetti le verdure; mettetele in una pentola coperte d'acqua fredda. Aggiungete un ciuffo di finocchio selvatico tritato, sale e una macinata di pepe.
Ponete sul fuoco per circa un'ora e mezza; 30 minuti prima del termine di cottura del minestrone, unite i *mallored-dus*. Servite con un filo d'olio crudo.

ORECCHIETTE CON LE CIME DI RAPA

◀ Puglia ▶

<u>Per le orecchiette</u>: *350 g di farina bianca, 100 g di semola di grano duro, sale.*
<u>Per condire</u>: *300 g di cime di rapa, 2 spicchi d'aglio, 1 cucchiaio d'uva passa (facoltativa), 1 cucchiaio di pinoli* (facoltativi), *2 acciughe sottosale, pecorino grattugiato, olio extravergine d'oliva, sale, peperoncino rosso.*

Iniziate con il preparare le orecchiette: sul piano di lavoro infarinato disponete a fontana la farina mischiata con la semola e un pizzico di sale, quindi lavoratela con l'acqua tiepida necessaria a ottenere un impasto piuttosto sodo ma ben omogeneo. Dopo circa 10 minuti di lavoro suddividetela e stiratela lavorandola con le dita in modo da formare dei lunghi cilindri larghi un paio di centimetri; da questi staccate tanti pezzettini lunghi circa 1 cm che, aiutandovi con la punta del coltello, trascinerete sul piano di lavoro infarinato dandogli la forma di una tonda conchiglia. Appoggiate poi ciascuna conchiglia sulla punta del pollice e rovesciatela all'indietro così da formare le orecchiette, che disporrete infine ad asciugare su canovacci leggermente infarinati.
Lavate con cura le cime di rapa e lessatele al dente in abbondante acqua salata, che poi non getterete ma utilizzerete per cuocere la pasta. Rosolate l'aglio tritato con alcuni cucchiai d'olio, quindi unite le acciughe pulite dal sale e stemperatele nel condimento. Aggiungete le cime di rapa e portate a cottura (aiutatevi con dell'acqua calda salata se fosse necessario); poco prima di spegnere controllate il sale, insaporite con peperoncino e unite i pinoli e l'uva passa prima lasciata ammorbidire in acqua tiepida e asciugata. Lessate le orecchiette, scolatele al dente e spadellatele nel tegame delle cime di rapa, condendole con pecorino grattugiato o, se fresco, tagliato a dadini.

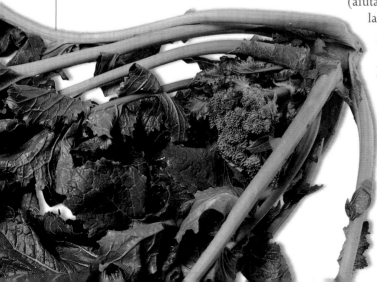

PANCOTTO

◀ *Liguria* ▶

400 g di pane raffermo, 1,5 l di brodo di carne, burro, parmigiano grattugiato, 2 uova.
Per il brodo: 500 g di polpa di manzo, 500 g di polpa di vitello, 1/2 gallina, 1 cipolla, 1 carota, 1 gambo di sedano, 1 pomodoro, 1-2 chiodi di garofano, 1 foglia d'alloro, sale, pepe in grani.

Per preparare il brodo pulite e fiammeggiate la gallina e ponetele assieme all'altra carne in una pentola capiente con 1,5 l d'acqua fredda e una presa di sale. Cuocete a fuoco moderato e, non appena viene raggiunto il bollore, unite anche le verdure (nella cipolla avrete infisso i chiodi di garofano), qualche grano di pepe e la foglia d'alloro. Lasciate sobbollire piano per circa un'ora e mezza schiumando regolarmente. A fine cottura prelevate la carne dal brodo e filtrate quest'ultimo dalle verdure. Per sgrassare perfettamente il brodo lasciatelo prima raffreddare, quindi con una spatola di legno eliminate il grasso che, rapprendendosi, si sarà raccolto in superficie. In una casseruola mettete poi il brodo, il pane raffermo tagliato a dadini, un pezzo di burro e lasciate bollire per una decina di minuti. Togliete dal fuoco, amalgamate i tuorli d'uovo e, infine, insaporite con abbondante parmigiano grattugiato.

PANSOTTI ALLE NOCI

◀ *Liguria* ▶

Per la pasta: 500 g di farina, 3 uova.
Per il ripieno: 300 g di ricotta, 500 g di bietole, 500 g di preboggion (cavolo cappuccio, foglie di bietola e prezzemolo), 1 mazzo di borragine, 3 uova, 50 g di parmigiano, noce moscata, sale.
Per condire: noci, pinoli, 1 spicchio d'aglio, olio extravergine d'oliva.

Mondate e lavate le verdure, lessatele e tritatele. In una terrina impastate insieme la ricotta, il parmigiano grattugiato, le uova, il sale e una grattatina di noce moscata; in ultimo aggiungete le verdure tritate. Dedicatevi poi alla salsa: tritate noci, pinoli e aglio, quindi lavoratele in un mortaio versando a filo l'olio necessario a ottenere una salsina consistente e omogenea.
Preparate la pasta sfoglia e dividetela in quadrati di 6 cm di lato. Ponete al centro di ogni quadrato di sfoglia un mucchietto di ripieno, ripiegate la pasta a triangolo premendo bene sui bordi. Lessate i *pansotti* in acqua bollente salata, scolateli e disponeteli in un piatto da portata riscaldato; ricopriteli con la salsa di noci e servite immediatamente.

PAPPARDELLE ALLA LEPRE

◀ *Toscana* ▶

57

400 g di pappardelle fresche, 1 schienale di lepre disossato, 1 fetta di prosciutto crudo di c. 50 g, 100 g di passata di pomodoro, 1 cipolla, 1 carota, 1 gambo di sedano, 1 foglia d'alloro, 1 cucchiaio di prezzemolo, timo e rosmarino tritati assieme, 4 bacche di ginepro, 1 bicchiere di vino rosso, brodo, olio extravergine d'oliva, sale, pepe.

Mettete a soffriggere tutti gli aromi e le verdure tritate finemente e, quando la cipolla inizia a prendere colore, unite un battuto di prosciutto e la carne di coniglio tagliata a pezzi. Rigirate un po' per far insaporire, quindi irrorate con il vino rosso che lascerete evaporare.
Quando la carne comincia ad asciugarsi, versate la passata di pomodoro e proseguite la cottura a fuoco basso per circa un'ora e mezza, tenendo morbido il sugo con un po' di brodo caldo (alcuni invece preferiscono unire un bicchiere di latte). Lessate le pappar-

delle in abbondante acqua salata, scolatele al dente e servitele in una zuppiera riscaldata in precedenza, condite con il sugo e guarnite con i pezzi di carne appoggiati in superficie.

PASTA ALLA NORMA

◁ *Sicilia* ▷

400 g di pasta, 100 g di ricotta salata, 4 melanzane, 500 g di polpa di pomodoro, 1 cipolla, 40 g di grasso fresco di maiale, olio extravergine d'oliva, sale, pepe.

Preparate il sugo mettendo in una teglia il grasso fresco di maiale a pezzetti, la cipolla affettata e qualche cucchiaiata d'olio; fate rosolare, quindi unite la polpa di pomodoro, il sale e il pepe. Cuocete a fuoco moderato per 20 minuti. Intanto affettate le melanzane, spolveratele di sale e lasciatele per mezzora scolare in uno scolapasta così che perdano il liquido amarognolo. Lavatele e asciugatele, quindi fatele friggere in olio bollente; scolatele con un mestolo forato, lasciatele asciugare su carta assorbente da cucina e spruzzatele di sale.
Lessate la pasta in abbondante acqua salata e scolatela molto al dente, conditela con la salsa di pomodoro e con una spolverata di ricotta salata. Guarnite le singole porzioni con le fette di melanzane fritte e servite subito.

PASTA E CECI

◁ *Lazio* ▷

300 g di pasta di piccolo formato, 200 g di ceci, 5 spicchi d'aglio, 4 pomodori maturi, 1 rametto di rosmarino, qualche filetto d'acciuga, olio extravergine d'oliva, sale, pepe in grani.

Lasciate i ceci in ammollo in acqua tie-

pida per circa 24 ore. Scolateli gettando l'acqua dell'ammollo e poneteli in una pentola con 3 spicchi d'aglio interi, il rametto di rosmarino e acqua rinnovata sufficiente a ricoprirli. Salate, pepate e lasciate cuocere a fuoco basso per circa 3 ore.
Nel frattempo, in un tegamino, rosolate i rimanenti spicchi d'aglio, i pomodori spellati (aiutatevi tuffandoli per un attimo in acqua bollente), privati dei semi e grossolanamente tritati e qualche filetto d'acciuga a pezzetti.
Quando i ceci saranno cotti, versate il sugo nella pentola; se occorre, aggiungete dell'acqua calda e buttate la pasta alla prima ripresa del bollore.
Prima di servire, togliete il rametto di rosmarino e gli spicchi d'aglio, spolverate con una macinata di pepe e ultimate con un filo d'olio crudo.

PASTA E FAGIOLI

◁ *Veneto* ▷ 📷

200 g di tagliatelle, 300 g di fagioli borlotti secchi, 1 carota, 1 cipolla, 1 gambo di sedano, 1 spicchio d'aglio, 1 rametto di rosmarino o salvia, 100 g di cotenna di maiale, formaggio grattugiato, 1/2 bicchiere d'olio extravergine d'oliva, sale, pepe.

Scottate la cotenna di maiale per 5 minuti in acqua bollente, scolatela e raschiatela bene per eliminare i peli. Lasciate i fagioli in ammollo per 12 ore; scolateli e metteteli al fuoco in una casseruola in cui avrete soffritto con un po' d'olio le verdure mondate e tritate insieme con l'aglio e il rosmarino (o salvia o un po' di entrambi). Lasciate insaporire, quindi unite i fagioli scolati, la cotenna e circa 1,5 l d'acqua; salate e fate cuocere su fiamma bassa e a pentola coperta per circa 2-3 ore. A seconda che desideriate il brodo più o

meno denso, prelevate una parte dei fagioli (un terzo o metà) e passatela al passaverdura riunendo poi il passato alla minestra sul fuoco.

Mettete le tagliatelle a cottura nella minestra e, qualora risultasse troppo asciutta, allungatela con un paio di mestoli d'acqua bollente. Prima di servire prelevate la cotenna e tagliatela a listerelle sottili distribuendola nelle fondine dei commensali. Scodellate condendo con un'abbondante macinata di pepe fresco, un giro d'olio crudo e una spolverata di formaggio grattugiato.

Questa è solo una delle moltissime versioni di pasta e fagioli esistenti in Italia. La minestra potrà essere insaporita anche con un po' di passata o di concentrato di pomodoro, le tagliatelle sostituite con un misto di avanzi di pasta, la cotenna eliminata e così via.

60

PENNE ALL'ARRABBIATA

◀ Calabria ▶

400 g di penne, 500 g di pomodori maturi e sodi, 2 spicchi d'aglio, 1 peperoncino rosso, pecorino grattugiato, olio extravergine d'oliva, sale.

Rosolate gli spicchi d'aglio in alcune cucchiaiate d'olio, poi aggiungete i pomodori che avrete precedentemente pelato (per aiutarvi tuffateli per un attimo in acqua bollente), privato dei semi e quindi tritato.

Lasciate asciugare lentamente il sugo, quindi condite con sale e il peperoncino spezzettato e fate cuocere su fiamma moderata per circa 20 minuti, mescolando di tanto in tanto. Lessate nel frattempo la pasta in abbondante acqua bollente salata e scolatela bene al dente. Spadellatela su fiamma vivace con il sugo piccante, condendo con una spolverata abbondante di pecorino.

PICI AL CONIGLIO

◀ Toscana ▶

Per i pici: 500 g di farina, 1 uovo, 1 cucchiaio d'olio extravergine d'oliva, sale.
Per il sugo: 1/2 coniglio, 300 g di salsa di pomodoro, 100 g di pancetta, 1 cipolla, 1 carota, 2 gambi di sedano, 2 spicchi d'aglio, 2 foglie d'alloro, 1/2 l di vino rosso, olio extravergine d'oliva, sale, pepe.

Mettete a marinare nel vino il coniglio la sera prima, in una terrina capiente, assieme agli aromi e alle verdure.

La mattina seguente scolate le verdure e tritatele finemente, mettendole poi a rosolare con un po' d'olio e un battuto di pancetta. Scolate anche il coniglio e tagliatelo a pezzi, aggiungendolo al soffritto quando comincia a imbiondire. Lasciate insaporire un po' la carne, quindi bagnate con il vino della marinata e aspettate che evapori quasi del tutto prima di versare anche la salsa di pomodoro. A questo punto aggiustate di sale e coprite, proseguendo la cottura su fiamma moderata per circa un'ora e mezza. Quando il sugo sarà pronto, scolate il coniglio dal fondo di cottura, disossatelo e tagliatelo a pezzetti. Frullate il fondo di cottura per renderlo cremoso, quindi unitevi nuovamente i pezzetti di carne. Lasciate riposare coperto mentre preparate la pasta. I pici sono una specie di spaghetti casalinghi tipici di Siena. Si preparano a mano, stirandoli sul tagliere, e le massaie più abili li tirano anche fino alla lunghezza di un paio di metri. Mettete dunque la farina a fontana sulla spianatoia, rompeteci l'uovo e aggiungete l'olio e poca acqua tiepida; lavorate la pasta energicamente, aggiungendo gradualmente poca acqua tiepida se occorre. Quando sarà soda e omogenea, fate un

panetto, ungetene la superficie con olio, e lasciatelo riposare sotto un canovaccio per mezzora. Trascorso questo tempo, stendete una sfoglia e tagliatela a striscioline che arrotolerete con le mani, dando a ciascuna la forma cilindrica di uno spaghetto. Man mano che li preparate, mettete i *pici* ad asciugare su un canovaccio infarinato o cosparso leggermente di semolino, in modo che non si appiccichino.

Lessate la pasta in abbondante acqua salata, scolateli al dente e spadellateli con il sugo di coniglio sotto il cui tegame avrete riacceso il fuoco.

PIZZOCCHERI AL FORNO

◀ *Lombardia* ▶

300 g di pizzoccheri, 150 g di parmigiano grattugiato, 150 g di formaggio tenero tipo fontina o bitto, 200 g di verza o bietola, 200 g di patate, 3 spicchi d'aglio, 1 rametto di salvia, 100 g di burro, olio extravergine d'oliva, sale.

Lavate, tagliate a pezzi verze e patate e lessate entrambe in abbondante acqua salata; nella stessa pentola mettete a cottura anche i pizzoccheri calcolando i tempi di cottura in modo da scolare tutto bene al dente. Nel frattempo tagliate il formaggio tenero a sottili listerelle e fate sciogliere il burro con qualche cucchiaio d'olio, insaporendolo con la salvia e gli spicchi d'aglio schiacciati (toglieteli non appena prendono colore). In una pirofila da forno disponete un primo strato di pasta mista a verdura, distribuite sulla superficie un misto di parmigiano e fontina a dadolini e condite con il burro alla salvia. Continuate con un altro strato di pasta e via via gli altri ingredienti; terminate con un'abbondante spolverata di parmigiano e qualche fiocchetto di burro e fate gratinare in forno caldo per circa 10 minuti.

Alcune versioni di questa ricetta non prevedono il passaggio in forno; la pasta con le verdure viene scolata e mescolata con il formaggio e il burro fuso e subito portata in tavola.

QUADRETTI IN BRODO CON FEGATINI

◀ *Emilia Romagna* ▶ 📷

200 g di quadretti all'uovo, 150 g di fegatini di gallina, 1 l di brodo di carne, 1 spicchio d'aglio, 4 foglie di salvia, 60 g di burro, rosmarino, 50 g di parmigiano grattugiato, sale.

Oggi i quadretti all'uovo si possono acquistare tranquillamente in negozio, mentre un tempo venivano ricavati dagli avanzi della pasta rimasta dopo la preparazione di tagliatelle o cappelletti. Pulite bene i fegatini e fateli rosolare in un tegame con 20 g di burro, l'aglio e la salvia.

Una volta rosolati toglieteli dal fuoco, tritateli a pezzettini molto fini, riversateli nel tegame da cui avrete tolto l'aglio e la salvia e fateli cuocere con il burro rimasto, il rosmarino e il sale.

In una pentola portate a bollore il brodo, versatevi i fegatini, fateli cuocere per 2 minuti e infine aggiungete i quadretti, che saranno pronti in pochi minuti. Mescolate con un cucchiaio di legno e spolverate con il parmigiano grattugiato.

RIBOLLITA

◀ *Toscana* ▶

500 g di pane raffermo, 150 g di fagioli bianchi secchi, 250 g di pomodori maturi, 1 carota, 1/2 verza, 1 patata, 1 cipolla, 2 spicchi d'aglio, 1 gambo di sedano, alcuni rametti di prezzemolo, timo,

olio extravergine d'oliva, sale, peperoncino rosso in polvere.

Anche questo tipico piatto della tradizione toscana, annovera diverse varianti, anche dipendenti dalla stagione e quindi dalla disponibilità degli ingredienti. Cominciate con il preparare una buona zuppa di fagioli: lasciateli prima in ammollo per almeno 12 ore, quindi scolateli e lessateli in acqua rinnovata, a fuoco basso e pentola coperta. Nel frattempo insaporite in un tegame con dell'olio la cipolla, la carota, il sedano affettati e l'aglio schiacciato; unite anche i pomodori spellati, il peperoncino e il timo e, dopo almeno 5 minuti di cottura, anche la patata tagliata a dadini e la verza sottilmente affettata. Cuocete quindi a fiamma bassa aggiungendo poca acqua; unite anche i fagioli lessati e passati al passaverdura insieme con la loro acqua di cottura.

Aggiustate di sale solo poco prima di ritirare dal fuoco, dopo circa 20 minuti di cottura. Nel frattempo disponete in un capace tegame di coccio due strati di sottili fette di pane e quindi versatevi sopra la zuppa. Fate altri due strati di pane e coprite ancora con la minestra.

A questo punto avrete ottenuto un'ottima zuppa. La ribollita vera e propria si prepara il giorno dopo quando metterete il tegame a fuoco bassissimo, aggiungerete nel centro, facendo un foro, dell'olio extravergine d'oliva, e farete bollire molto lentamente, proteggendo la pentola con una retina frangifiamma.

RISO ALL'ISOLANA

◀ *Veneto* ▶

400 g di riso, c. 1,5 l di brodo, 200 g di carne di maiale (preferite la parte superiore della coscia), 80

g di burro, 100 g di parmigiano grattugiato, rosmarino e cannella (facoltativi), sale, pepe in grani.

Scegliete la carne di maiale, tagliatela a dadini, conditela con sale e pepe macinato al momento e lasciatela riposare per un'oretta; fatela rosolare poi a fuoco basso, in una casseruola dove avrete fuso il burro, fino a completa cottura. Aromatizzate, se vi piace, con un rametto di rosmarino che togliarete comunque prima di servire. Pulite il riso da eventuali impurità e mettetelo a cuocere, a fuoco lento per circa 20 minuti nel brodo portato a bollore; al termine della cottura il brodo dovrà essere completamente assorbito e il riso risultare perfettamente al dente e sgranato. Nel caso in cui l'assorbimento avvenisse anzitempo, provvedete con piccole aggiunte di altro brodo ben caldo. Unite al riso il condimento di carne caldo e amalgamate il tutto. Servite spolverando con parmigiano grattugiato e, volendo, con un pizzico di cannella.

RISO CON LA BRACIOLA

◁ *Lombardia* ▷

400 g di riso, 4 braciole di maiale, burro e grasso (olio, strutto o altro condimento a piacere), 1 cipolla bianca, parmigiano grattugiato, sale, pepe.

Portate a bollore 2 l d'acqua (il doppio del volume del riso) possibilmente in un paiolo di ra-

me; versatevi lentamente il riso in modo da formare un cono il cui vertice emerga di qualche millimetro dall'acqua. Scuotete un paio di volte il paiolo, coprite e mantenete a fiamma vivace per 10-12 minuti.

Levate dal fuoco, mescolate bene, quindi coprite con uno spesso panno da cucina sopra il quale disporrete il coperchio; lasciate riposare per circa 15 minuti.

Fate soffriggere la cipolla tritata nel burro, aggiustate di sale e pepe, poi unite il condimento al riso, assieme al parmigiano grattugiato.

Servite il riso nei piatti dei commensali completando con una braciola di maiale (il puntèl, cioè il "puntello"), che avrete precedentemente rosolato in una padella con un po' di condimento.

RISOTTO AI FUNGHI

◁ *Valle d'Aosta, Piemonte* ▷

400 g di riso, 300 g di funghi (meglio se di qualità diverse), 1 cipolla, 1 spicchio d'aglio, prezzemolo, c. 1 l di brodo o acqua calda q.b., parmigiano grattugiato, burro, olio extravergine d'oliva, sale, pepe.

Tagliate sottilmente la cipolla, sbucciate l'aglio e mettete entrambi a soffriggere con qualche cucchiaiata d'olio e un pezzetto di burro.

Levate l'aglio, aggiungete i funghi puliti, lavati velocemente sotto acqua corrente e affettati e un trito fine di prezzemolo. Insaporite con poco sale e pepe e cuocete per circa 30 minuti, aggiungendo del brodo caldo (o acqua) se necessario. Unite il riso e portatelo a cottura versando il brodo mestolo dopo mestolo.

A cottura ultimata insaporite con il parmigiano grattugiato e una noce di burro, mescolate bene e lasciate riposare un minuto. Versate il risotto in una zuppiera e portate infine in tavola spolverando con prezzemolo tritato.

RISOTTO ALLO ZAFFERANO

◁ *Lombardia* ▷

400 g di riso, 1/2 cipolla, 1 bustina di zafferano, brodo q.b., 50 g di midollo di manzo, 50 g di burro, parmigiano grattugiato, sale.

In una casseruola rosolate la cipolla finemente affettata con metà del burro e il midollo; non appena sarà diventata trasparente versate il riso e mescolate in modo che assorba bene il condimento. Salate e portate a cottura unendo il brodo caldo un mestolo alla volta e mescolando continuamente. A 3 o 4 minuti dal termine della cottura unite lo zafferano sciolto in un po' di brodo caldo. Spegnete il riso al dente e incorporatevi un'abbondante spolverata di parmigiano grattugiato e il burro rimasto. Coprite e lasciate riposare per alcuni minuti prima di servire. La tradizione milanese vuole che il risotto, oltre che essere servito da solo, sia l'ideale accompagnamento per gli ossibuchi alla milanese, altro grande vanto della cucina di questa provincia.

SAGNE CHINE

◁ *Calabria* ▷

Per la pasta: 400 g di farina bianca, sale.
Per le polpette: 150 g di macinato magro di maiale, 2 cucchiai di pecorino grattugiato, 1 uovo, sale, pepe.
Per il sugo: 500 g di pomodori maturi e sodi, 200 g di porcini freschi (o 20 g di funghi secchi), 1 cipolla media, 1 carota, 1/2 gambo di sedano, 1 ciuffo di prezzemolo, 1 limone, olio extravergine di oliva, sale.

Per condire: 2 carciofi, 1 ciuffo di prezzemolo, 1 spicchio di aglio, 1 limone, 2-3 uova, 100 g di scamorza, pecorino grattugiato, olio extravergine di oliva, sale.

Preparate la pasta per le lasagne lavorando energicamente la farina con una presa di sale e l'acqua necessaria a ottenere un impasto liscio ed elastico. Sul pianto di lavoro infarinato tirate una sfoglia spessa pochi millimetri da cui ricavare rettangoli di pasta di circa 12x7 centimetri. Lessate per pochi istanti questi rettangoli in acqua bollente salata, nella quale avrete distribuito un po' di olio per evitare che i pezzi si attacchino tra loro, quindi stendeteli su una tovaglia e lasciate asciugare.

Preparate ora le polpette: in una terrina amalgamate il macinato con l'uovo, il pecorino, sale e pepe. Con le mani bagnate, formate poi delle piccolissime polpette che friggerete poi in olio bollente il tempo necessario a farle dorare, poi scolerete e lascerete asciugare su carta assorbente da cucina. Passate ora al sugo: in un tegame fate rosolare un battuto di carota, sedano e cipolla in un po' di olio, poi unite i funghi mondati e tagliati a pezzetti. Lasciate insaporire mescolando, quindi mettete a cottura anche i pomodori prima pelati (aiutatevi tuffandoli per pochi istanti in acqua bollente), privati dei semi e tritati. Salate, pepate, abbassate la fiamma e portate il sugo a cottura; poco prima di spegnere insaporite con un po' di prezzemolo tritato. Mondate anche i carciofi, tagliateli in spicchi sottili e tuffateli in acqua acidulata con il succo di limone. Scolateli per bene e rosolateli in olio aromatizzato con uno spicchio di aglio; salate, pepate e fateli cuocere al dente, eventualmente aiutandovi con un po' di acqua, quindi completate con del prezzemolo tritato e spegnete. Tagliate la scamorza a dadolini; fate rassodare le uova, sbucciatele e tagliatele a rondelle.

Terminata questa lunga fase iniziale, passate alla preparazione vera e propria delle *sagne chine* (lasagne ripiene). In una pirofila da forno distribuite un po' di salsa ai funghi, quindi un primo strato di pasta che condirete con ancora salsa, polpette, carciofi, uova sode, caciotta, pecorino grattugiato. Proseguite alternando pasta, sugo e ripieno fino a terminare con un ultimo strato di pasta che completerete solo con sugo e pecorino grattugiato. Fate cuocere le lasagne per 30-40 minuti in forno già ben caldo (180 °C). Di questo pasticcio esistono molte versioni: si può evitare l'impiego delle uova; si possono aggiungere alla salsa anche dei piselli; al posto dei carciofi si può impiegare della salsiccia privata del budello e fatta rosolare con un po' di olio.

Sartù di riso

◀ *Campania* ▶

400 g di riso, 300 g di polpa macinata di manzo, 200 g di fegatini di pollo, 1 salsiccia, 250 g di piselli freschi, 25 g di funghi secchi, 60 g di parmigiano reggiano grattugiato, 1 mozzarella, 3 uova, 1 cipolla, 1,5 l di brodo, 2-3 cucchiai di concentrato di pomodoro,

farina bianca, pangrattato, 200 g di strutto, olio extravergine d'oliva, sale, pepe.

Soffriggete la cipolla tritata in una casseruola di terracotta, unite il concentrato di pomodoro diluito in un bicchiere di brodo, i funghi ammollati, strizzati e tritati, i piselli, sale, pepe e un pezzo di salsiccia; fate cuocere la salsa per 20 minuti circa. Nel frattempo in una terrina mescolate insieme la carne tritata, salata e pepata, un uovo, un cucchiaio di pangrattato e uno di formaggio grattugiato. Con questo composto formate tante polpettine e friggetele infarinate in olio bollente. Cuocete il riso in una capace casseruola con metà del sugo, unendo quando è necessario un po' di brodo caldo. Quando il riso sarà cotto, toglietelo dal fuoco, mantecatelo con 50 g di strutto, 2 uova e 4 cucchiai di formaggio grattugiato. Ponete sul fuoco per qualche minuto il sugo rimasto con le polpettine e 50 g di strutto. Lavate, asciugate i fegatini e passateli in poco strutto poi, bagnandoli con un po' di brodo, portateli a cottura. Imburrate leggermente uno stampo, rivestitene le pareti di riso e al centro fate i seguenti strati: polpette, fegatini, pezzetti di mozzarella, pezzetti di salsiccia, formaggio grattugiato. Continuate fino a esaurimento degli ingredienti. Cospargete la superficie del sartù con un po' di pangrattato, distribuite qua e là qualche fiocchetto di strutto, poi passate lo stampo in forno a 160 °C per circa mezzora. Sformate il sartù capovolgendo lo stampo sul piatto da portata e servitelo ben caldo.

Scripelle 'mbusse

◀ *Abruzzo, Molise* ▶

4 uova, farina bianca, 1 ciuffo di prezzemolo,

1/2 bicchiere di latte, 1,5 l di brodo di carne, 100 g di pecorino grattugiato, olio extravergine d'oliva, sale, pepe in grani.

Preparate una pastella con le uova, il prezzemolo tritato, il latte, un pizzico di sale e uno di pepe; aggiungete infine poca farina amalgamandola perfettamente. In un padellino appena unto d'olio versate una cucchiaiata di pastella, otterrete una piccola frittatina che farete dorare sui due lati. Procedete in questo modo fino a esaurimento del composto. Spolverate le frittatine con una dose abbondante di pecorino grattugiato e arrotolatele. Mettete due rotolini in ogni piatto, versate sopra del brodo di carne bollente che avrete precedentemente preparato, spolverate con altro pecorino grattugiato e servite.

SPAGHETTI AGLI ASPARAGI SELVATICI

◀ *Umbria* ▶

400 g di spaghetti, 200 g di punte di asparagi selvatici, 1 spicchio d'aglio, 400 g di polpa di pomodoro, olio extravergine d'oliva, sale, pepe in grani.

Per questa tipica ricetta umbra sono particolarmente indicati gli asparagi che nascono spontanei in campagna. Della verdura vengono utilizzate solo le puntine che laverete e farete insaporire al fuoco con l'aglio in un po' d'olio. Dopo circa 10 minuti aggiungete la polpa di pomodoro e il sale; la salsa sarà pronta non appena il sugo incomincerà ad addensarsi. Nel frattempo mettete a bollire l'acqua per la pasta.

Lessate gli s... lateli al den... sugo, com... una maci... ...nero.

SPAGHETTI AGLIO, OLIO E PEPERONCINO

◀ *Abruzzo, Molise* ▶

400 g di spaghetti, 4 spicchi d'aglio, 1 peperoncino rosso, 1 bicchiere d'olio extravergine d'oliva, sale.

Scaldate in un tegamino l'olio con il peperoncino spezzettato, quindi unite l'aglio sottilmente affettato e lasciatelo appena imbiondire.
Nel frattempo lessate la pasta in abbondante acqua salata, scolatela al dente e conditela con l'olio precedentemente insaporito. Desiderando un sugo meno piccante levate il peperoncino dall'olio prima di aggiungere l'aglio; se invece lo volete meno "agliato", lasciate riposare a freddo gli spicchi d'aglio schiacciato nell'olio, quindi toglieteli e scaldate l'olio con il peperoncino. Ricordatevi che gli spaghetti così conditi devono essere serviti bollenti.

RISOTTO ALLA *PILÒTA*
(con pasta di salame)

◀ *Veneto* ▶

400 g di riso, 4 salamelle o l'equivalente di pasta di salame fresca, 8 dl c. di brodo, parmigiano grattugiato, burro, sale.

◆ Portate il brodo a bollore su fiamma vivace, quindi versate il riso a pioggia – deve rimanere sommerso dal brodo – scuotete la casseruola per i manici e fate sobbollire per 12 minuti.

◆ Coprite, spegnete e avvolgete la pentola in due canovacci da cucina, poi lasciate riposare al caldo per 15 minuti.

◆ Nel frattempo in un tegamino rosolate in una noce di burro la pasta di salame sbriciolata o le salamelle liberate dal budello esterno. Unitele il condimento al riso cotto – che dovrà risultare asciutto, al dente e con i chicchi ben staccati tra loro – assieme ad abbondante parmigiano grattugiato. Servite il risotto dopo averlo mescolato con cura.

Una versione più "leggera" utilizza polpa di maiale macinata al posto della pasta di salame. In questo caso occorre però aumentare un poco il condimento.

68

SPAGHETTI AL NERO DI SEPPIA

‹ *Veneto* ›

400 g di spaghetti, 400 g di seppie piccole e qualche sacchetto di inchiostro, 5 pomodori maturi (facoltativi), 1 spicchio d'aglio, 1 mazzetto di prezzemolo, olio extravergine d'oliva, sale, peperoncino rosso.

Pulite e lavate le seppie, poi tritatele grossolanamente. Soffriggete un trito d'aglio in poco olio, unite le seppie e un mestolo d'acqua calda e fate cuocere 15 minuti. Aggiungete i pomodori (pelati e privati dei semi) grossolanamente tritati e quando il sugo si sarà ristretto, rompete nel tegame i sacchetti dell'inchiostro. Condite con una manciata di prezzemolo tritato, sale e peperoncino. Lasciate insaporire la salsa per qualche minuto prima di spadellarvi gli spaghetti che nel frattempo avrete scolato al dente.

Una variante della ricetta non prevede l'impiego dei pomodori; in questo caso è possibile aiutare la cottura delle seppie con un po' di vino bianco secco o qualche mestolo di brodo caldo.

SPAGHETTI AL POMODORO

‹ *Campania* ›

400 g di spaghetti, 800 g di pomodori ben maturi, pecorino (o parmigiano) grattugiato, alcune foglie di basilico, 5 cucchiai d'olio extravergine d'oliva, zucchero, sale, peperoncino rosso in polvere.

Mettete sul fuoco una pentola con dell'acqua e, quando bolle, tuffatevi i pomodori per un attimo, in modo che la buccia cominci a screpolarsi e sia facile pelarli. Dopo averli pelati, privateli dei semi e passateli al passaverdura. Se sono molto acquosi, dopo averli sbucciati

tagliateli a metà e lasciateli colare su un piano inclinato per almeno 15 minuti prima di passarli al passaverdura. In tutti i casi, comunque, dopo aver portato a termine queste operazioni preliminari, mettete sul fuoco un tegame, versatevi la passata di pomodoro, una punta di cucchiaino di zucchero (diminuirà l'acidità tipica del pomodoro) e l'olio; dopo circa 15 minuti di cottura a fuoco moderato, aggiungete del sale e del peperoncino rosso a vostra discrezione. Quindi continuate la cottura sino a quando la salsa si sarà sufficientemente asciugata (generalmente sono sufficienti circa 40 minuti). A cottura ultimata, aggiungete le foglie di basilico sminuzzate.

Mettete quindi sul fuoco una pentola con abbondante acqua, non appena giunge a bollore salatela e versatevi gli spaghetti. Scolateli al dente, trasferiteli in una zuppiera, conditeli con il sugo di pomodoro e mescolateli adeguatamente. Infine portateli in tavola, servendo a parte il formaggio grattugiato.

SPAGHETTI ALLA CHITARRA CON IL RAGÙ

‹ *Abruzzo, Molise* ›

Per gli spaghetti: 400 g di farina, 2 cucchiai di strutto, sale.
Per il ragù: 1 fetta di carne di maiale di 500 g, 4 fettine di pancetta, 1 pezzetto di lardo, 500 g di pomodori maturi e sodi, 3 spicchi d'aglio, 1 ciuffo di prezzemolo, vino rosso, 1 cucchiaio di strutto, pecorino fresco, sale, pepe in grani.

Impastate la farina con un po' di strutto, sale e l'acqua necessaria a ottenere un impasto elastico ma sodo. Manipolate a lungo, quindi suddividete la pasta in porzioni e "tiratela" nell'apposita macchinetta per ottenere una sfoglia

PRIMI PIATTI

spessa quanta è la distanza che intercorre tra un filo e l'altro della "chitarra". Se non avete l'apposito attrezzo a fili su cui la sfoglia viene adagiata e premuta con il matterello in modo da tagliare gli spaghetti, usate la trafila della macchinetta per la pasta che normalmente viene utilizzata per i tagliolini. Lasciate asciugare gli spaghetti su un canovaccio infarinato e passate alla preparazione del ragù.

Tritate due spicchi d'aglio con un po' di prezzemolo e impastatelo allo strutto con un po' di pepe macinato fresco, poi spalmate la salsina sulla fetta di maiale che avrete leggermente battuto. Sul lardo distribuite le fettine di pancetta e quindi qualche pezzetto di pecorino. Avvolgete la carne su se stessa a formare un rotolo che fermerete con degli stuzzicadenti o del filo da cucina.

Rosolate in un tegame di coccio il lardo tagliato a pezzetti e lo spicchio d'aglio rimasto, quindi ponetevi la carne a colorire. Bagnate con un po' di vino e, non appena sarà evaporato, insaporite con sale e pepe; unite poi i pomodori che avrete pelato tuffandoli in acqua bollente, privato dei semi e grossolanamente tritato. Portate la salsa a cottura; prima di spegnere prelevate e tenete al caldo la carne. Lessate gli spaghetti in abbondante acqua salata, scolateli al dente e conditeli con la salsa; la carne verrà invece servita come secondo piatto.

SPAGHETTI ALLA CARBONARA

◀ *Lazio* ▶

400 g di spaghetti, 200 g di guanciale magro o pancetta tesa, 4 uova, 1 spicchio d'aglio, 3 cucchiai di parmigiano grattugiato, 3 cucchiai di pecorino grattugiato, olio extravergine d'oliva, sale, pepe in grani.

Tagliate il guanciale a dadolini di circa 1/2 cm di lato e fatelo rosolare in un tegame insieme con alcuni cucchiai d'olio e lo spicchio d'aglio (che toglierete non appena prende colore). In una zuppiera calda amalgamate con cura le uova (due intere e due tuorli) a temperatura ambiente con i formaggi grattugiati, condendo con sale e abbondante pepe macinato al momento; dovrete ottenere una cremina omogenea. La preparazione del condimento deve essere eseguita con la pasta quasi sul punto di essere scolata, in modo che venga versata immediatamente nella zuppiera, mescolata all'uovo e alla pancetta croccante e calda. Servite la "carbonara" ben calda.

SPAGHETTI CACIO E PEPE

◀ *Basilicata* ▶

400 g di spaghetti, 80 g di pecorino stagionato grattugiato, olio extravergine d'oliva (facoltativo), sale, pepe in grani.

In abbondante acqua salata lessate gli spaghetti; al momento di toglierli dal fuoco non scolateli completamente, ma lasciate un po' d'acqua per sciogliere il pecorino. Versateli in una zuppiera bollente, condite quindi con un giro d'olio, il formaggio e molto pepe macinato al momento; serviteli subito.

La ricetta tradizionale non prevede l'aggiunta di olio, la pasta viene infatti

condita soltanto con la salsina che si forma mescolando il cacio (pecorino) con l'acqua di cottura.

SPAGHETTI CON LA BOTTARGA

◀ *Sardegna* ▶

400 g di spaghetti, 3 fettine di bottarga, 1/2 spicchio d'aglio, 1 ciuffo di prezzemolo, 1/2 limone, 3 cucchiai d'olio extravergine d'oliva, pepe.

La bottarga, che si presenta come una specie di salamino duro di colore nocciola-grigiastro, altro non è che ovaie di cefalo (o spigola) conservate sottosale. Può essere utilizzata ridotta in sottili fettine per la preparazione di tartine o grattugiata per condire una semplice pasta in bianco. Lessate gli spaghetti e nel frattempo fate sciogliere in un tegamino la bottarga con l'olio e un po' d'acqua di cottura della pasta; non appena si sarà sciolta diluitela con il succo di limone. Scolate la pasta al dente e spadellatela nel sugo di bottarga, spolverando con pepe e un trito di prezzemolo e aglio; volendo, guarnite con qualche ulteriore pezzetto di bottarga.

SPAGHETTI CON LE SARDE

◀ *Calabria* ▶

400 g di spaghetti, 300 g di sarde fresche, 100 g di finocchio selvatico, 30 g di pinoli, 20 g d'uva passa, 4 filetti d'acciuga, 1 cipolla, olio extravergine d'oliva, sale, pepe.

Lavate bene e tritate molto finemente il finocchio selvatico. In una teglia fate dorare la cipolla affettata in abbondante olio, aggiungete il finocchio, i pinoli, l'uva passa (fatta ammorbidire in acqua tiepida e successivamente strizzata) e i filetti d'acciuga. Dopo qualche minuto unite le sarde, pulite e diliscate

e un dito d'acqua tiepida; salate, pepate e portate a cottura. Lessate gli spaghetti in abbondante acqua salata, scolateli al dente e conditeli con il sugo di pesce.

SPAGHETTI CON VONGOLE VERACI

◀ *Lazio* ▶

400 g di spaghetti, 1 kg di vongole veraci, 2 spicchi d'aglio, 1 mazzetto di prezzemolo, 1 peperoncino rosso, vino bianco secco (facoltativo), olio extravergine d'oliva, sale.

Pulite le conchiglie sotto acqua corrente, quindi lasciatele a bagno per almeno mezzora in acqua salata in modo che perdano l'eventuale sabbia racchiusa tra le valve. In una padella coperta e su fiamma vivace fate aprire le vongole insieme con abbondante olio, 1 spicchio d'aglio affettato, il peperoncino e, volendo, un po' di vino. Nel frattempo lessate gli spaghetti, scolateli al dente e versateli nella padella delle vongole. Mescolate la pasta mantenendo la fiamma dolce e spolverando con un trito d'aglio e prezzemolo, quindi servite. Poiché il sugo non va filtrato è bene pulire con cura i molluschi prima della cottura in modo da evitare la sgradevole presenza di sabbia.

STRANGOLAPRETI

◀ *Trentino-Alto Adige* ▶ 📷

300 g di spinaci, 2 panini raffermi, 2 uova, 2 cucchiai di farina bianca, alcune foglie di salvia, latte q.b., grana grattugiato, burro, sale.

Gli strangolapreti, tipico piatto altoatesino, possono essere preparati anche con ortiche, bietole o spinaci selvatici. Mondate con cura gli spinaci, lavateli e lessateli al vapore o in poca acqua sala-

ta, poi scolateli, strizzateli e tritateli finemente. Nel frattempo sminuzzate il pane e bagnatelo con un po' di latte, quindi aggiungetevi le uova, la farina e un poco di sale. Mescolate bene, quindi amalgamate anche gli spinaci e dal composto ricavate degli gnocchi della dimensione di una grossa noce. Lessateli in abbondante acqua salata sino a quando vengono in superficie (conviene cuocerne pochi alla volta, per evitare che si attacchino fra loro) e scolateli con una schiumarola. Serviteli in tavola condendoli con grana grattugiato e burro fuso insaporito con qualche foglia di salvia.

TAGLIATELLE
AL TARTUFO NERO

◀ *Umbria* ▶

350 g di tagliatelle, 200 g di tartufo nero, 80 g di filetti di acciuga, 1/2 spicchio di aglio, 1 ciuffo di prezzemolo, olio extravergine di oliva, sale.

Grattugiate il tartufo e tritate prezzemolo, aglio e acciughe; lavorate poi gli ingredienti in un mortaio fino a ottenere una pasta omogenea che lascerete riposare coprendola con l'olio.
Lessate le tagliatelle in abbondante acqua bollente, scolatele al dente e spadellatele in un tegame in cui avrete fatto scaldare la salsa di tartufo, servite poi immediatamente.

TAGLIATELLE
CON RAGÙ ALLA BOLOGNESE

◀ *Emilia Romagna* ▶

Per le tagliatelle: *400 g di farina, 4 uova, sale.*
Per condire: *200 g di polpa di manzo macinata, 50 g di pancetta tesa, 1/2 cipolla, 1 carota piccola, 1/2 gambo di sedano, 2 cucchiai di concentrato di pomodoro, 1/2 bicchiere di vino rosso,*

brodo q.b., parmigiano grattugiato, olio extravergine d'oliva, sale, pepe.

Il ragù alla bolognese è il più tradizionale fra i sughi di carne della cucina italiana, per questo motivo si presta a essere utilizzato per accompagnare primi piatti, polente ecc. Per la sua preparazione tritate cipolla, carota e sedano e, a parte, la pancetta. Fate rosolare quest'ultima con qualche cucchiaio d'olio; quando il grasso si sarà sciolto, mescolando con cura, unite il trito di verdura e, non appena si sarà ammorbidito, ponete a rosolare la polpa di manzo. Mantenete mescolato in modo che la carne assuma un colore bruno uniforme; a questo punto bagnate con il vino e lasciate evaporare. Aggiungete il concentrato di pomodoro sciolto in un po' di brodo caldo, sale e pepe; abbassate la fiamma e proseguite la cottura a tegame coperto per circa 2 ore. Di tanto in tanto bagnate con un goccio di brodo.
Potrete variare la ricetta a vostro piacere utilizzando carni miste, aggiungendo qualche fegatino, insaporendo con funghi secchi e la loro acqua di ammollo, eliminando il pomodoro ecc.
Sulla spianatoia lavorate tra loro gli ingredienti per la sfoglia; tirate l'impasto e dividetelo in strisce di 1 cm che lascerete asciugare sul piano infarinato. Lessate le tagliatelle, scolatele al dente, conditele con una parte del ragù.

buite uno strato di rigaglie e funghi e coprite con il resto dei maccheroni al sugo.

Coprite la teglia con carta metallizzata da cucina e fate cuocere in forno preriscaldato a 160 °C per circa un'ora. Sfornate il timballo e lasciatelo riposare per qualche minuto prima di sformarlo su un piatto da portata e portarlo in tavola.

TORTELLINI IN BRODO

◀ *Veneto* ▶

<u>Per i tortellini</u>: 400 g di farina, 4 uova, 1 l di brodo di carne, sale.

<u>Per il ripieno</u>: 100 g di petti di pollo, 200 g di lombo di maiale, 1 salamella, fegatini e magoncini (facoltativi), 150 g di grana grattugiato, noce moscata, pangrattato, sale, pepe.

Mettete in una casseruola la carne di pollo e quella di maiale tagliata a pezzi, la salamella pulita dalla pelle e sminuzzata e, volendo, anche le interiora; versate il brodo o l'acqua salata e fate bollire lentamente. A cottura ultimata (circa un paio d'ore), scolate e macinate la carne; aggiungete al

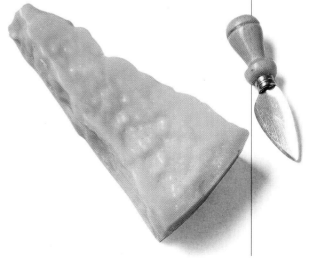

77

Portatele in tavola accompagnando con il sugo rimasto posto in una salsiera e parmigiano grattugiato.

TIMBALLO DI MACCHERONI

◀ *Campania* ▶

500 g di maccheroni (o altra pasta corta tipo rigatoni), 500 g di pomodori maturi e sodi, 300 g di rigaglie di pollo, 30 g di funghi secchi, 1 uovo, pangrattato, olio extravergine di oliva, burro, sale, pepe.

In un tegame fate rosolare nell'olio le frattaglie, pulite e tagliate a grossi pezzi (o intere), e i funghi, fatti prima ammollare in acqua tiepida e tritati. Pulite i pomodori da pelle, semi e tritateli, quindi uniteli al soffritto di funghi; salate, pepate e lasciate asciugare il sugo su fiamma vivace.

Nel frattempo lessate la pasta in abbondante acqua bollente salata, scolatela a metà cottura e conditela con solo il sugo di pomodoro, tenendo da parte le rigaglie e i funghi. Imburrate una teglia (meglio se di forma troncoconica), cospargetela di pangrattato; sbattete l'uovo con la forchetta quindi versatelo nella teglia e rigiratela tra le mani così che il pangrattato si inumidisca, spolverate infine con ancora un po' di pangrattato. Versate nella teglia metà della pasta condita, quindi distri-

TORTELLI DI ZUCCA

◀ *Lombardia* ▶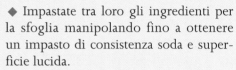

<u>Per la sfoglia</u>: 400 g di farina, 4 uova, sale.
<u>Per il ripieno</u>: 1 kg di zucca gialla bernoccoluta, 100 g di amaretti, 150 g di parmigiano grattugiato, 1 uovo, noce moscata, sale.
<u>Per il condimento</u>: salvia, burro, parmigiano grattugiato.

◆ Mondate la zucca da scorza e semi e fatela cuocere in forno. Passate poi la polpa al setaccio e amalgamatela all'uovo, agli amaretti sbriciolati e al parmigiano, insaporendo con sale e noce moscata.

◆ Impastate tra loro gli ingredienti per la sfoglia manipolando fino a ottenere un impasto di consistenza soda e superficie lucida.

78

◆ Infarinate il piano di lavoro e con l'aiuto del matterello (e/o di una macchinetta per la pasta) tiratelo sottilissimo e ritagliate dei quadrati al centro dei quali disporrete un po' del ripieno di zucca.

◆ Ripiegate poi la pasta premendo bene i bordi. Lessate i tortelli in abbondante acqua salata, scolateli e serviteli condendo con burro fuso e salvia. Accompagnate con parmigiano grattugiato.

Alcune versioni prevedono che il ripieno venga preparato utilizzando anche della mostarda di Cremona (c. 100 g) finemente tritata e ammordidita con un po' del suo sciroppo.

trito il formaggio, una spolverata di pangrattato, un pizzico di noce moscata, sale, pepe e il brodo di cottura necessario a dare la giusta consistenza al composto per il ripieno.

Mescolate fino ad amalgamare bene gli ingredienti e lasciate riposare a temperatura ambiente per un paio d'ore, così che i sapori si amalgamino bene tra loro. Nel frattempo preparate la pasta: lavorate la farina con le uova e una presa di sale manipolando fino a ottenere un impasto di consistenza soda e superficie lucida.

Infarinate il piano di lavoro e con l'aiuto del matterello (e/o di una macchinetta per la pasta) tirate la pasta a sfoglia sottilissima, tagliatela a quadrati di circa 4 cm di lato; al centro di ciascuno disponete una pallina di ripieno, ripiegate poi a triangolo e avvolgetela intorno al dito premendo sulle due estremità per saldarle insieme.

I tortellini si cuociono rigorosamente in ottimo brodo di carne portato a bollore e si servono in tavola ben caldi.

Trenette al pesto

◄ *Liguria* ► 📷

400 g di trenette, 30 foglie di basilico, 1 spicchio d'aglio, 1-2 cucchiai di pinoli, 1 cucchiaio di pecorino grattugiato, 1 cucchiaio di parmigiano grattugiato, olio extravergine d'oliva, sale.

Lavate le foglie di basilico, asciugatele e lavoratele (schiacciandole con movimento circolare contro le pareti) in un mortaio di pietra insieme con l'aglio e i pinoli; dopo un po' unite anche i formaggi grattugiati e un pizzico di sale. Non appena avrete ottenuto un composto omogeneo, diluitelo, utilizzando il pestello a mo' di cucchiaio, con l'olio necessario a ottenere una cremina

non eccessivamente fluida. La salsa riuscirà anche nel caso preferiate utilizzare un frullatore.

Lessate le trenette in abbondante acqua salata, scolatele e conditele con il pesto che avrete diluito con due cucchiai della loro acqua di cottura.

La ricetta ligure tradizionale prevede anche la sostituzione delle trenette con le trofie, bastoncini di pasta attorcigliati a cavatappi, di cui forniamo di seguito la ricetta.

Trofie

◄ *Liguria* ►

400 g di farina bianca, acqua, sale.

Disponete la farina sulla spianatoia, aggiungete acqua quanto basta e un pizzico di sale.

Impastate molto bene con le mani fino a ottenere un impasto denso, omogeneo ed elastico.

Staccate allora dei pezzetti di pasta della grandezza di un fagiolo, formate dei bastoncini, quindi, con le dita infarinate, date alla pasta la tipica forma a cavatappi. Lasciate asciugare le trofie su un canovaccio infarinato per 4 ore prima di cuocerle e condirle con il pesto o uno dei sughi di seguito consigliati.

Sugo di pomodoro e olive

100 g di olive nere, 3 pomodori maturi e sodi, 1 ciuffo di prezzemolo, 1 ciuffo di basilico, 1 porro, pecorino grattugiato, 1 bicchiere di vino bianco secco, olio extravergine d'oliva, sale, pepe.

Preparate un trito con il prezzemolo e il porro e fatelo imbiondire nell'olio. Aggiungetevi i pomodori pelati e tagliati a listerelle, le olive snocciolate e affettate e poco sale; spruzzate di vino bianco e lasciate evaporare, portando a

cottura a fuoco basso. Lessate le *trofie*, scolatele bene al dente e versatele nella padella con il sugo.

Fatele saltare per un paio di minuti, poi aggiungete il basilico finemente tritato, cospargete con una manciata di pecorino grattugiato, pepate e servite immediatamente.

Salsa di alici
4 filetti d'alice sottolio, 1 pomodoro maturo, 1 cipolla bianca, 1 ciuffo di basilico, 1/2 peperoncino rosso, 1 bicchiere di vino bianco secco, olio extravergine d'oliva.

Sminuzzate le alici con una forchetta. Tritate la cipolla e il peperoncino e fateli dorare nell'olio. Aggiungete le alici, spruzzate di vino bianco e lasciate evaporare; a parte pelate il pomodoro e tagliatelo a listerelle.

Cuocete le *trofie*, scolatele e versatele in una zuppiera.

Aggiungete la salsa di alici, il pomodoro crudo, un giro d'olio crudo, il basilico fresco sminuzzato; mescolate con cura e servite.

VINCISGRASSI

◀ *Marche* ▶

<u>Per la sfoglia</u>: *400 g di farina, 200 g di semolino, 5 uova, 40 g di burro, Vinsanto, sale.*
<u>Per la besciamella</u>: *60 g di burro, 50 g di farina, 6 dl di latte, noce moscata, sale, pepe.*
<u>Per condire</u>: *100 g di grasso di prosciutto, 1 cipollina, 300 g di rigaglie di pollo, 450 g di animelle-filoni di vitello, vino bianco, 250 g di polpa di pomodoro, 200 g di parmigiano, noce moscata, brodo q.b., burro, olio extravergine d'oliva, sale, pepe.*

In una terrina mettete la farina, il semolino, le uova, il burro fuso, un po' di sale, un dito di Vinsanto. Impastate e lasciate riposare per circa mezz'ora, quindi tirate la pasta a sfoglia che taglierete in strisce larghe circa 10 cm e lunghe circa 15. Lessatele in abbondante acqua salata e a metà cottura scolatele, ponendole a raffreddare sopra alcuni canovacci. Preparate il sugo soffriggendo nell'olio il grasso di prosciutto e la cipolla tritata, aggiungete poi le rigaglie di pollo tagliate finemente, lasciate rosolare alcuni minuti e versate il vino bianco. Appena evaporato aggiungete la polpa di pomodoro, sale, pepe e un pizzico di noce moscata; dopo un quarto d'ora circa unite le animelle e i filoni tagliati a pezzetti, aggiustate di sale e fate bollire a pentola coperta per un'ora e mezza (se necessario aggiungete brodo caldo nel corso della cottura).

Nel frattempo preparate la besciamella: sciogliete il burro su fiamma bassa e incorporatevi la farina, diluite con il latte caldo aggiungendolo poco alla volta senza smettere di mescolare. Non appena la salsa prenderà a bollire fate cuocere per 10 minuti continuando a mescolare e, poco prima di spegnere, insaporite con sale, pepe e un pizzico di noce moscata. Imburrate una teglia e disponetevi a strati le strisce di pasta, un po' di besciamella, il parmigiano grattugiato, il sugo e qualche pezzetto di burro; ripetete tutto nuovamente fino a esaurimento degli ingredienti. Terminate con uno strato di pasta ricoperto di besciamella e formaggio parmigiano grattugiato. Infornate e lasciate cuocere per 30-40 minuti circa.

ZUPPA DI CECI

◀ *Marche* ▶

250 g di ceci, 1 cipolla, 2 gambi di sedano, 3 pomodori, 1 carota, qualche foglia di bietola, 2 spicchi d'aglio, pecorino grattugiato, olio extravergine d'oliva, sale, crostini di pane.

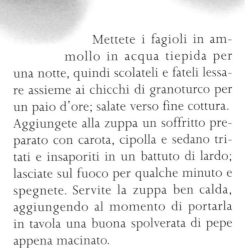

Tagliate la cipolla e la bietola a fettine, i gambi di sedano e la carota a pezzettini, schiacciate l'aglio, tagliate i pomodori a pezzetti e mettete tutto in una pentola assieme ai ceci precedentemente lasciati in ammollo per 24 ore e scolati. Aggiungete 1,5 l d'acqua e cuocete per circa 2 ore, quindi salate, condite con olio e versate la zuppa nei piatti dei commensali dove avrete distribuito alcuni crostini di pane. Spolverate le singole porzioni con pecorino.

ZUPPA DI FAVE E CICORIA

◁ *Puglia* ▷

6 tazze di fave sbucciate fresche, 2 mazzetti di cicoria, 2 cipolle, basilico, olio extravergine d'oliva, sale.

Fate bollire le fave in 1,5 l d'acqua, scolatele conservando l'acqua di cottura e passatene metà al passaverdura; lavate la cicoria e scottatela nell'acqua di cottura delle fave, quindi tagliatela a pezzi. Lavate e tagliate le cipolle a mezzelune, quindi ungete il fondo di una pentola e fatevele saltare per qualche minuto. Aggiungete, nella pentola, la cicoria, il passato di fave e un po' d'acqua di cottura, quindi le fave rimaste intere; portate a bollore e togliete dal fuoco. Condite con olio crudo e guarnite con foglie di basilico.

ZUPPA DI GRANOTURCO

◁ *Friuli Venezia-Giulia* ▷

250 g di fagioli secchi, 250 g di granoturco, 1 carota, 1 cipolla, 1 gambo di sedano, 50 g di lardo, sale, pepe in grani.

Mettete i fagioli in ammollo in acqua tiepida per una notte, quindi scolateli e fateli lessare assieme ai chicchi di granoturco per un paio d'ore; salate verso fine cottura. Aggiungete alla zuppa un soffritto preparato con carota, cipolla e sedano tritati e insaporiti in un battuto di lardo; lasciate sul fuoco per qualche minuto e spegnete. Servite la zuppa ben calda, aggiungendo al momento di portarla in tavola una buona spolverata di pepe appena macinato.

83

ZUPPA DI GULASCH

◁ *Trentino-Alto Adige* ▷

1 l di brodo di carne, 400 g di polpa magra di manzo, 1 cipolla grossa, 1 patata grossa, 1 spicchio d'aglio, 400 g di pomodori pelati a pezzetti (facoltativo), 2 cucchiaini di paprica, 1/2 cucchiaino di cumino in polvere, 3 cucchiai di farina, 6 cucchiaini d'olio extravergine d'oliva, sale, pepe.

Scaldate l'olio in una casseruola capiente, aggiungete la carne tagliata a dadini di mezzo centimetro e la cipolla finemente affettata. Cuocete a calore moderato per 4-6 minuti fino a quando carne e cipolla saranno dorate. Aggiungete l'aglio schiacciato, il cumino, la paprica e la farina e cuocete ancora per un minuto. Unite poco per volta il brodo, quindi portate a bollore, coprite e cuocete su fiamma moderata per 2 ore. Tagliate la patata a dadini, aggiungetela alla zuppa con i pelati, salate e pepate. Continuate la cottura ancora per 30 minuti, fino a quando le patate saranno diventate tenere, quindi servite.

ZUPPA DI ORZO

◄ *Trentino-Alto Adige* ►

300 g di orzo, 150 g di fagioli secchi, 1 osso di prosciutto, 2 patate, 2 carote, 1 cipolla, 1 gambo di sedano, 1 ciuffo di prezzemolo, grana grattugiato, olio extravergine d'oliva, sale.

Mettete a bagno per 12 ore, in due contenitori diversi, l'osso di prosciutto e i fagioli secchi i quali, trascorso il tempo, verranno scolati e messi a cuocere a fuoco basso per 2 ore circa.
Mettete a bagno l'orzo per 24 ore; sciacquatelo poi sotto l'acqua corrente, ricopritelo d'acqua rinnovata e fate bollire anch'esso per un paio d'ore. A parte preparate un soffritto con olio, cipolla sottilmente affettata e prezzemolo lavato e tritato; una volta pronto lo unirete all'orzo – che avrà appena cominciato a bollire – assieme alle patate e alle carote affettate, all'osso di prosciutto scolato, sale e acqua calda a sufficienza. A fine cottura aggiungete i fagioli lessati e togliete l'osso di prosciutto. Accompagnate il minestrone con grana grattugiato.

ZUPPA DI SEDANO

◄ *Calabria* ►

600 g di sedano, 200 g di salsiccia, 200 g di caciocavallo, 3 uova, pecorino grattugiato, olio extravergine d'oliva, sale, pepe, pane casereccio.

Lavate e tagliate a pezzetti il sedano mettendolo a cuocere in una pentola con 1,5 l d'acqua, qualche cucchiaiata d'olio, sale e pepe.
Lasciate sobbollire piano finché il sedano non risulterà ben ammorbidito. Sbriciolate la salsiccia, riducete il caciocavallo a dadini, lessate le uova quindi sbucciatele e tagliatele a spicchi. Disponete questi ingredienti sulle fette di pane abbrustolite disposte in una zuppiera, scodellateci sopra la zuppa di sedano, completate con pecorino grattugiato e servite ben calda.

ZUPPA E SOFFRITTO

◄ *Campania* ►

1 kg fra cuore, milza e polmone di maiale, 1,5 l di brodo di carne, 1 bicchiere di vino rosso, rosmarino, passata di pomodoro, 30 g di strutto, olio extravergine d'oliva, sale, peperoncino rosso, pepe, crostini di pane.

Lasciate le interiora di maiale a bagno in acqua corrente per circa un'ora. Scaldate in una pentola strutto e olio in parti uguali; quindi aggiungete le interiora tagliate a pezzetti e lasciate rosolare leggermente.
Bagnate con il vino rosso e lasciate evaporare. Coprite il tutto con della passata di pomodoro, insaporite con sale, pepe, peperoncino e rosmarino. Unite il brodo di carne bollente un mestolo dopo l'altro e lasciate cuocere a fiamma bassa per circa un'ora.
Servite la zuppa fumante accompagnandola con crostini di pane.

SECONDI PIATTI DI CARNE

ABBACCHIO AL FORNO CON PATATE

◀ *Lazio* ▶

1 kg abbondante di cosciotto e spalla d'abbacchio (agnello giovane da latte), 70 g di grasso e magro di prosciutto crudo, 1 kg di patate, aglio, rosmarino, alloro, 1/2 bicchiere di vino bianco secco, strutto, olio extravergine d'oliva, sale, pepe.

Forate la carne dell'agnello con un coltello dalla lama lunga e sottile e inserite nei tagli alcuni spicchi d'aglio, piccoli rametti di rosmarino e pezzetti di grasso e magro di prosciutto; ungetela poi con un po' di strutto, salate e pepate. Mettetela in una teglia da forno con dell'olio e alcune foglie d'alloro; intorno alla carne disponete le patate sbucciate, curando di condirle con sale, pepe e un filo d'olio. Infornate e, dopo circa una mezzora, spruzzate l'agnello con il vino bianco. Durante la cottura, di tanto in tanto rimescolate le patate e girate l'arrosto per evitare che si attacchino sul fondo della teglia. Lasciate cuocere per altri 30 minuti e, quando l'abbacchio e il contorno avranno assunto una bella doratura, sfornate; tagliate la carne a pezzi e servite.

AGNELLO AL FORNO CON LA MENTUCCIA

◀ *Abruzzo* ▶

1,8 kg di cosciotto d'agnello, 1 cipolla, 1 carota, 1 gambo di sedano, 3 spicchi d'aglio, 1 mazzetto di mentuccia, 1/2 bicchiere c. d'olio extravergine d'oliva, sale, pepe.

Con l'apposito coltello ben affilato, disossate il cosciotto eliminando l'osso interno e distribuite sulla carne un trito d'aglio e metà della mentuccia, sale e pepe. Arrotolate la carne d'agnello e legatela con lo spago a mo' di arrosto; strofinate la superficie con sale e pepe. Disponete il cosciotto in una teglia sufficientemente capiente condendo con un trito grossolano di sedano, carota e cipolla e l'olio; mettete a cuocere in forno già caldo per circa un'ora e mezza. Periodicamente, durante la cottura, girate la carne e bagnatela con il suo sugo in modo che prenda un bel colore dorato uniforme; qualche minuto prima di spegnere unite il resto della mentuccia tritata.

Servite in tavola l'agnello accompagnandolo con il sugo di cottura passato al setaccio.

AGNELLO IN *POTACCHIO*

◀ *Marche* ▶

800 g di polpa d'agnello, 300 g di pomodori maturi e sodi, 1 cucchiaino di conserva di pomodoro, 1 cipolla piccola, 1 spicchio di aglio, 1 rametto di rosmarino, vino bianco secco, olio extravergine d'oliva, sale, peperoncino.

In un tegame di coccio, fate soffriggere un battuto di cipolla, aglio e rosmarino in alcuni cucchiai di olio e, non appena prende colore, unite la carne d'agnello tagliata a pezzi. Lasciate rosolare in maniera uniforme, quindi condite con sale e peperoncino. Bagnate con il vino e non appena sarà quasi del tutto evaporato, aggiungete la conserva sciolta in poca acqua calda e i pomodori che avrete prima provveduto a pelare, privare dei semi e tritare. Portate la carne a cottura mantenendo il recipiente coperto e una fiamma molto moderata.

La cottura in *potacchio* può essere anche utilizzata per altre carni (pollo, coniglio ecc.).

BISTECCA ALLA FIORENTINA

◁ *Toscana* ▷

1 fiorentina di vitellone di c. 600 g ogni 2 commensali, olio extravergine d'oliva, sale, pepe.

Per la famosa bistecca alla fiorentina è d'obbligo usare carne di manzo giovane; il taglio della costata comprende filetto e controfiletto e deve essere alta circa 2 centimetri. Mettete le bistecche sulla graticola possibilmente sopra braci di carbone di legna; fatele cuocere 5-6 minuti per parte, quindi insaporitele con sale e pepe; lasciate ancora un momento sul fuoco e servite subito condendo con un filo d'olio extravergine d'oliva crudo.

BOLLITO MISTO

◁ *Valle d'Aosta, Piemonte* ▷

1 kg di manzo, 1 gallinella ruspante, 500 g di testina di vitello, 500 g di lingua salmistrata, 1 cotechino, 2 cipolle, 2 carote, 1 gambo di *sedano*, sale.

Mettete la gallina e il manzo assieme alle verdure in una pentola capace; aggiungete acqua, sale e fate bollire a fuoco basso per 2 ore, schiumando di tanto in tanto. A parte cuocete singolarmente il cotechino, la testina e la lingua salmistrata. Servite la carne caldissima tagliandola a fette.
Tradizionalmente il bollito viene servito in tavola accompagnandolo con le salse di seguito consigliate.

Bagnetto rosso

4 pomodori grandi e molto maturi, 1/2 peperone, 1/2 gambo di sedano, 1 cipolla, 1 spicchio d'aglio, 1 ciuffo di basilico, 1 ciuffo di prezzemolo, 1 rametto di rosmarino, 1 peperoncino rosso, olio extravergine d'oliva, sale.

Spellate i pomodori, fateli a pezzetti e rosolateli nell'olio con le verdure, gli aromi e un pizzico di sale. A fine cottura passate il tutto al setaccio e riportate a bollore.

Levate dal fuoco e completate con un filo d'olio crudo.

Bagnetto verde

1 mazzetto di prezzemolo, 2 uova, 2 filetti d'acciuga, 8 capperi, mollica di pane, 1 spicchio d'aglio, aceto, olio extravergine d'oliva, sale.

Preparate un trito con il prezzemolo, l'aglio, i tuorli delle uova precedentemente rassodati, i filetti d'acciuga, i capperi e un po' di mollica di pane imbevuta nell'aceto. Amalgamate bene i vari ingredienti aggiungendo sale e l'olio necessario a ottenere una salsina morbida e omogenea.

BRASATO AL BAROLO

◀ *Valle d'Aosta, Piemonte* ▶ 📷

1,5 kg di polpa di manzo, 1 pezzetto di grasso di prosciutto crudo, 2 cipolle, 2 carote, 1 gambo di sedano, 1 foglia d'alloro, 2-3 foglie di salvia, 1 rametto di rosmarino, 3 bicchieri di Barolo, olio extravergine d'oliva, sale, pepe.

Mettete a rosolare con dell'olio la polpa di manzo insieme con il grasso di prosciutto a dadini; bagnate la carne con il vino e abbassate la fiamma.

Aggiungete gli aromi: le cipolle, le carote e il gambo di sedano tagliati a pezzetti, l'alloro, la salvia e il rosmarino.

Salate, pepate, unite qualche bicchiere d'acqua e fate cuocere lentamente per circa 2 ore. Tagliate la carne a fette e servitela con il sugo di cottura passato al setaccio.

CAPRETTO AL FORNO

◀ *Sardegna* ▶

2 pezzi di capretto (spalla e dorso), 2 spicchi d'aglio, 1 mazzetto di prezzemolo, qualche foglia di basilico, qualche foglia di mirto, 2 fettine di lardo, 1 cucchiaio di pangrattato, olio extravergine d'oliva, sale, pepe.

Salate e pepate i pezzi di capretto, avvolgeteli poi nelle fettine di lardo e quindi ungete con un po' d'olio una teglia, sistematevi il capretto e infornate per circa mezzora a fuoco moderato. Di tanto in tanto rigirate i pezzi di carne e bagnateli con il sugo di cottura.
Nel frattempo sbucciate l'aglio, lavate e asciugate il prezzemolo, il basilico e il mirto, quindi tritateli tutti insieme e incorporatevi il pangrattato. Togliete la teglia dal forno, sparpagliate sulla carne il battuto d'erbe e pane e rimettete nuovamente in forno per qualche minuto, alzando la fiamma così che la carne possa prendere colore. Servite ben caldo.

CAPRIOLO IN UMIDO

◀ *Trentino-Alto Adige* ▶

1 kg di capriolo, 50 g di pancetta, 5-6 foglie d'alloro, vino rosso, brodo q.b., burro, olio extravergine d'oliva, sale, pepe.
<u>Per la marinata:</u> *1 l di vino rosso, 5-6 foglie di salvia, 2-3 rametti di rosmarino, timo, 3-4 chiodi di garofano.*

89

Lasciate marinare per 24 ore la carne di capriolo ricoprendola con il vino rosso e insaporendola con le foglie di salvia, il rosmarino, i chiodi di garofano e alcuni rametti di timo. Trascorso il tempo preparate in una casseruola un battuto di pancetta insieme con un po' d'olio e un pezzo di burro; scolate la carne dalla marinata, tagliatela a pezzi e fatela rosolare assieme alla pancetta. Regolate sale e pepe, spruzzate con un po' di vino rosso e poco dopo versate un mestolo di brodo aggiungendo le foglie d'alloro. Cuocete lentamente per circa 2 ore, aggiungendo altro brodo se necessario.

CIMA RIPIENA

◀ *Liguria* ▶ 📷

700 g di punta di vitello, 100 g di animelle, 100 g di prosciutto crudo, 100 g di mollica di pane,

25 g di pistacchi, 25 g di pinoli, 2 carciofi, 50 g di piselli, 1/2 cipolla, 1 carota, 1 gambo di sedano, 1 spicchio d'aglio, 1 rametto di maggiorana, 1 foglia di alloro, 2 foglie di basilico, noce moscata, 2 uova, 1 tazzina di latte, pecorino grattugiato, olio extravergine d'oliva, sale, pepe.

Dal macellaio fatevi preparare già la punta di vitello tagliata a tasca.
In abbondante acqua salata lessate la carne e le animelle portando a metà cottura. Ammorbidite nel latte la mollica di pane, strizzatela e mettetela da parte. Tritate la cipolla e fatela colorire nell'olio, aggiungete i piselli, il prosciutto tagliato a dadini, le animelle, i pistacchi, i pinoli, i carciofi a tocchetti e la mollica di pane. Insaporite il tutto con un pizzico di noce moscata, la maggiorana, il basilico, il pecorino e il sale, quindi togliete il tegame dal fuoco. Sbattete le uova e aggiungetele agli altri ingredienti, mescolando così da amalgamare per bene.
Riempite la tasca di carne con questo impasto. Cucite l'apertura, avvolgetela in un telo bianco che legherete alle estremità e mettetela in una pentola d'acqua salata insieme con la cipolla, la carota, il sedano e l'alloro. Fate bollire la cima per 2 ore, quindi toglietela dal brodo, mettetela sopra un tagliere di legno e lasciatela raffreddare.
Al momento di servire, eliminate il telo; affettate la cima e portatela in tavola dopo averla guarnita con ciuffi di prezzemolo.

CINGHIALE ALLA CACCIATORA

◃ Sardegna ▹

1 kg di carne di cinghiale, 100 g di prosciutto crudo a fette sottili, 1 cipolla, sedano, prezzemolo, aceto, 1 bicchiere di vino bianco, brodo q.b., burro, sale, pepe.

Mettete a bagno il cinghiale nell'aceto per almeno mezzora; poi fatelo sgocciolare e rivestitelo con fette sottili di prosciutto, fermandole con uno spago. Mettete del burro in un tegame e fatevi rosolare la carne; salate, pepate e continuate la cottura rigirando il cinghiale di tanto in tanto. Aggiungete il sedano e la cipolla tagliati a pezzettoni, un ciuffo di prezzemolo, il vino bianco e del brodo. Lasciate cuocere a fiamma bassa per circa un'ora e fate rapprendere il sugo prima di portare in tavola.

CODA ALLA VACCINARA

◃ Lazio ▹

1 kg di coda di bue, 1 pezzetto di guancia di bue, 200 g di pomodori maturi e sodi, 1 cipolla, 1 carota, 1 gambo di sedano, 1 spicchio d'aglio, 1 manciata di pinoli, 50 g di lardo, 1/2 bicchiere di vino rosso, 1/2 bicchiere d'olio extravergine d'oliva, sale, pepe.

In una casseruola fate soffriggere un battuto di lardo, cipolla, carota, aglio e poco prezzemolo; unite anche la coda e la guancia lavati e tagliati a pezzi, quindi salate, pepate e bagnate con il vino. Lasciate che la carne rosoli in maniera uniforme, quindi aggiungete anche i pomodori che avrete prima pelato, privato dei semi e tritato. Proseguite quindi la cottura a fuoco bassissimo e pentola coperta per 4-5 ore, unendo qualche mestolo di acqua calda salata nel caso il sugo si asciugasse troppo. Quando la carne sarà così tenera da staccarsi dall'osso, aggiungete il sedano pulito e tagliato a pezzi lunghi un dito, quindi completate con i pinoli. Cuocete la carne ancora per 20 minuti, poi servitela ben calda. La versione più antica di questa ricetta prevede anche l'aggiunta di un po' di cacao amaro in polvere.

CONIGLIO ARROSTO

◀ *Liguria* ▶

1 coniglio di 1 kg abbondante, 1 cipolla, 3 spicchi d'aglio, olive nere, 1 bicchiere di vino bianco, rosmarino, origano, brodo q.b., olio extravergine d'oliva, sale, pepe.

Lavate, tagliate a pezzi e mettete a rosolare il coniglio con la cipolla tritata, gli spicchi d'aglio interi, il rosmarino e un pizzico d'origano; il tutto irrorato da buon olio extravergine d'oliva. Quando la carne avrà preso colore, insaporite di sale e pepe e bagnate con il vino bianco. Finita l'evaporazione aggiungete qualche cucchiaiata di brodo, coprite la pentola e fate cuocere lentamente. Ogni tanto rigirate i pezzi di carne e aggiungete dell'altro brodo se fosse necessario. Poco prima di togliere il coniglio dal fuoco, unite una manciata abbondante di olive nere snocciolate, mescolate e servite.

CONIGLIO IN PORCHETTA

◀ *Umbria* ▶

1 coniglio di c. 1 kg con il suo fegato, 100 g di prosciutto crudo, 100 g di carne di maiale, 100 g di cotiche fresche, 1 cipolla, 1 carota, 1 gambo di

sedano, 1-2 spicchi d'aglio, finocchietto, 1 dl di vino bianco, 1/2 bicchiere d'olio extravergine d'oliva, sale, pepe.

Tritate finemente e amalgamate il fegato del coniglio, il prosciutto, la carne di maiale, le cotiche, l'aglio e il finocchietto, insaporendo tutto con sale e pepe. Lasciate riposare il composto per qualche minuto così che si insaporisca.
Nel frattempo pulite il coniglio e lavatelo per bene sotto acqua corrente, asciugatelo, strofinate l'interno con sale e pepe, quindi riempitelo con il composto di carni. Ricucite il ventre con filo da cucina, quindi disponetelo in una teglia condendo con l'olio e fate rosolare uniformemente in forno già caldo.
Quando la carne avrà preso colore, unite un trito grossolano di carota, cipolla e sedano e proseguite la cottura per circa un'ora: di tanto in tanto girate il coniglio e bagnatelo con il fondo di cottura. Una decina di minuti prima di spegnere bagnate con il vino e lasciate asciugare. Servite in tavola il coniglio, accompagnando con il fondo di cottura passato al setaccio.

COTECHINO

◀ *Emilia Romagna* ▶

1 cotechino di c. 1 kg.

Per la cottura dovete prima forare il cotechino con una forchetta o uno stuzzicadenti e avvolgerlo in un canovaccio bianco che legherete poi alle due estremità, facendo passare un giro di corda lungo tutto il cotechino.
Riempite una pentola d'acqua fredda, immergete il cotechino e portate l'acqua a ebollizione, abbassate la fiamma e lasciate cuocere per circa 3 ore. Verificate di tanto in tanto con una for-

chetta il grado di cottura e quando ritenete che l'operazione sia terminata spegnete il fuoco e lasciate il cotechino ancora per una decina di minuti a bagno nel liquido di cottura. Quindi toglietelo dalla pentola, tagliatelo a fette non troppo sottili e servitelo ancora fumante. Potete accompagnarlo con una semplice purea di patate o spinaci al burro e parmigiano o con lenticchie o fagioli in umido.

FAGIANO CON FUNGHI E CIPOLLE

◄ *Valle d'Aosta, Piemonte* ►

1 fagiano, 200 g di funghi freschi, 12 cipolline bianche piatte, 100 g di pancetta, 1/2 bicchiere di cognac, brodo q.b., 100 g di burro, sale, pepe, crostini di pane.

Spennate e pulite il fagiano, tagliatelo in quattro parti che avvolgerete con le fette di pancetta. In un tegame mettete a rosolare la carne insieme con il burro, girando i pezzi da ambo i lati.
Aggiungete il cognac e, dopo che sarà evaporato, unite un mestolo di brodo.
Continuate la cottura, regolando di sale e pepe e aggiungendo, se necessario, dell'altro brodo.
Lessate al dente le cipolline; pulite e tagliate i funghi e aggiungete tutto al fagiano 20 minuti prima del termine di cottura. Servite accompagnando con crostini di pane.

FALSOMAGRO

◄ *Sicilia* ►

1 fetta di manzo di c. 800 g, 150 g di macinato magro di maiale, 2 salsicce, 3 fette di pancetta, 2 uova, 1 cipolla, 1 spicchio d'aglio, 50 g di pecorino fresco, vino rosso, brodo q.b., olio extravergine d'oliva, sale, pepe.

Lessate le uova per 8 minuti, quindi sgusciatele. Preparate la farcia per l'arrosto mescolando assieme il macinato e le salsicce alle quali avrete tolto il budello. Soffriggete le carni per 10 minuti in poco olio aggiungendo mezza cipolla affettata. Stendete bene la fetta di manzo e distribuitevi il trito di carne rosolato, adagiatevi le fette di pancetta, le uova a fette, il pecorino a scaglie e lo spicchio d'aglio tritato. Salate leggermente e pepate, quindi avvolgete su se stessa la carne così farcita e legatela con uno spago. In una casseruola mettete dell'olio e la restante cipolla affettata; fate rosolare l'arrosto farcito e spruzzate con vino rosso che farete poi evaporare. Abbassate la fiamma e portate a termine la cottura (circa 1 ora) aggiungendo il brodo poco per volta.

FEGATO ALLA VENEZIANA

◄ *Veneto* ► 📷

700 g di fegato di vitello, 700 g di cipolle bianche, latte oppure aceto, prezzemolo, burro, olio extravergine d'oliva, sale.

Lasciate marinare il fegato tagliato a listerelle nel latte (oppure in acqua e aceto) per almeno un'ora.
Affettate finemente le cipolle e fatele appassire molto lentamente in burro e olio. Aggiungete le listerelle di fegato sgocciolandole dalla marinata e fatele cuocere a fuoco vivo. Salate verso fine cottura, spolverate con prezzemolo tritato e servite.

FINANZIERA

◄ *Valle d'Aosta, Piemonte* ►

100 g di macinato, 100 g di filetto di vitello, 100 g di filoni, 100 g di cervella, 100 g di laccetto (animelle), 50 g di fegatini di pollo, 50 g di

fegato di maiale, 50 g di creste di gallo, 50 g di
rognone, 50 g di piselli sgranati, 100 g di funghi
porcini sottolio, 60 g di burro, 1 bicchiere di barolo, 1 tazza di brodo, 1 cucchiaio d'aceto, 2 cucchiai
di marsala, farina, sale, pepe.

Tagliate il filetto di vitello a striscioline
e il rognone a pezzetti, poi fateli rosolare nel burro aggiungendo un po' di
brodo e un pizzico di sale e di pepe.
A parte preparate delle palline di carne
trita e tagliate il filone a tocchetti di circa 3 cm; tagliate a pezzetti anche la cervella, il fegato, il laccetto, i fegatini di
pollo, il fegato di maiale e le creste di
gallo; infarinate tutto e fate rosolare
lentamente nel burro, aggiungendo infine anche i piselli sgranati e i funghi
sottolio affettati a lamelle.
Una volta cotto unite il secondo preparato di carne al primo, bagnate con il
barolo e lasciate consumare. Poco prima di servire spruzzate l'aceto, il marsala e amalgamate bene, presentando
infine la pietanza su un bel piatto da
portata.

FONDUTA

◀ *Valle d'Aosta, Piemonte* ▶

300 g di fontina, 4 uova, latte q.b., 50 g di
burro, sale, pepe in grani, crostini di pane.

Dopo aver tagliato a cu-
betti la fontina, dispo-
netela in un reci-
piente ricopren-
dola di latte e la-
sciandola riposare per
una notte intera. Il
giorno seguente fate
sciogliere in una casse-
ruola, a bagnomaria, il
burro con un po' di latte
e la fontina, mescolan-

do assiduamente finché il formaggio si
sarà perfettamente sciolto.
Levate dal fuoco, incorporate uno per
volta i tuorli delle uova, salate e insaporite copiosamente con pepe macinato all'istante. Rimettete a cuocere a bagnomaria, mescolando e senza raggiungere l'ebollizione.
Quando il tutto sarà divenuto una crema uniforme e densa, spegnete e servite la fonduta in piatti caldi, accompagnando con crostini di pane leggermente tostati al forno.

FRITTO MISTO
ALLA PIEMONTESE

◀ *Valle d'Aosta, Piemonte* ▶

300 g di salsiccia, 300 g di fegato, 300 g di polmone, 300 g di filetto di vitello, 100 g di cervella, 2 mele, 6 carote, 3 patate, 6 amaretti, 200 g
di semolino, 1/2 l di latte, 100 g di zucchero,
scorza di limone grattugiata, 2 uova, pangrattato,
farina, olio d'oliva, sale.

Preparate tutti gli ingredienti per il
fritto misto. Su fuoco dolce amalgamate il semolino con latte, zucchero e
scorza di limone, mescolate fino ad
avere una pastella densa come una cre-

ma, rovesciatela sul tavolo di marmo e, quando sarà fredda, tagliatela a losanghe. Fate rosolare in un po' d'olio la salsiccia a pezzetti. Pulite la cervella, il fegato e il polmone e tagliateli a fettine. Sbucciate le mele e affettatele. Tagliate le carote a fettine. Sbucciate le patate e tagliatele a rondelle.

Quando gli ingredienti saranno pronti passateli tutti, compresi gli amaretti e le fettine di vitello, in un velo di farina, nell'uovo sbattuto e nel pangrattato e friggeteli in olio bollente. Eliminate l'unto in eccesso ponendoli su carta assorbente da cucina, spolverate di sale e servite ben caldo.

GULASCH

◀ *Friuli Venezia-Giulia* ▶

800 g di muscolo di manzo, 2 grosse cipolle, 2 spicchi d'aglio, 2 cucchiai di paprica, 1 foglia d'alloro, 1 cucchiaino di semi di cumino, 1/2 cucchiaino di foglie di maggiorana, 1 limone, 1 bicchiere di vino rosso, 1 bicchiere d'aceto di vino, 4 cucchiai di strutto, 1 cucchiaio di burro, sale.

Scaldate lo strutto in una pentola dal fondo pesante, aggiungeteci le cipolle tagliate ad anelli piuttosto sottili e fatele dorare; raccogliete gli anelli di cipolle in un mucchietto su un lato del fondo della pentola e rosolate, nello spazio libero, la carne tagliata a pezzi non troppo grossi. Mescolate la carne alle cipolle e continuate a rosolare, sin quando sul fondo della pentola venga a formarsi una sottile crosta dorata. Annaffiate con il vino e l'aceto, lasciate evaporare un po' il liquido, quindi salate, spolverate di paprica, allungate con un bicchiere d'acqua e lasciate stufare a fuoco moderato per un'ora e mezza circa. Tritate finemente gli aromi, mescolateli al burro fatto prima

ammorbidire e uniteli al gulasch assieme alla scorza e al succo del limone. Prima di portare in tavola, lasciate insaporire sul fuoco ancora per qualche minuto.

LEPRE ALLA CACCIATORA

◀ *Umbria* ▶

1 lepre, 50 g di grasso e magro di prosciutto crudo, 1 cipolla, 2 acciughe, rosmarino, capperi, 1/2 bicchiere di vino bianco, aceto, olio extravergine d'oliva, sale, pepe, peperoncino rosso.

95

Pulite, tagliate a pezzi e lavate con aceto la lepre; quindi mettetela in un tegame antiaderente e fatela asciugare a fuoco basso e senza alcun ingrediente. In una casseruola versate dell'olio e preparate un soffritto con la cipolla e il prosciutto tritati, unite poi i pezzi di lepre insaporiti con sale e pepe. Mentre la carne si rosola, preparate un trito con le acciughe diliscate, rosmarino sminuzzato e due cucchiaiate di capperi. Aggiungete il composto alla lepre, diluendo con poco olio e il vino bianco e insaporendo con un pizzico di peperoncino. Dopo che il vino sarà evaporato, coprite il tegame e cuocete lentamente per circa 2 ore.

LEPRE IN AGRODOLCE

◀ *Friuli Venezia-Giulia* ▶

1 lepre, 100 g di pancetta, 1 cipolla, 2 carote, 400 g di pomodori, 1/2 limone, 1 cucchiaio di zucchero, cannella, 1 manciata di pinoli, uva passa, farina gialla, 1/2 bicchiere di vino rosso, brodo q.b., olio extravergine d'oliva, sale, pepe.

Pulite, tagliate a pezzi la lepre e rosolatela in un po' d'olio con la pancetta a dadini, la cipolla e le carote tritate. Raggiunta la doratura, spolverate con una grossa presa di farina gialla e mescolate. Bagnate con il vino rosso e, non appena sarà evaporato, unite lo zucchero, i pomodori sminuzzati, la cannella, i pinoli, un po' di uva passa (lasciata per 15 minuti a bagno nell'acqua tiepida e quindi strizzata), la scorza di limone grattugiata, sale e pepe. Lasciate insaporire, quindi aggiungete del brodo e proseguite la cottura che dovrà essere molto lenta. Servite in tavola accompagnando con una polenta fumante.

Maialetto arrostito

◀ Sardegna ▶

1 maialetto da latte (porceddu), 100 g di lardo, alcuni rametti di mirto, 1 mazzetto di prezzemolo, sale, pepe nero grosso.

Pulite e lavate con cura il maialetto, privatelo delle interiora e strofinatelo prima con del lardo internamente ed esternamente e poi con il sale e il pepe nero grosso. Sistemate all'interno i rametti di mirto e i ciuffi di prezzemolo, rivestitelo con altri rametti di mirto e sistematelo quindi in un ampio tegame unto con il lardo.
A questo punto mettetelo in forno ben caldo e fatelo cuocere per circa 2 ore; di tanto in tanto rigiratelo e bagnatelo con il sugo di cottura.
Portate infine in tavola il porceddu, la cui cotenna sarà divenuta con la cottura croccante e dorata.

Ossibuchi alla milanese

◀ Lombardia ▶

4 ossibuchi di vitello, 1 cipollina, farina bianca, 1 limone, prezzemolo, 1 spicchio d'aglio, 1 acciuga sottosale, vino bianco secco, brodo q.b. o acqua, 150 g di burro, sale, pepe.

Infarinate bene gli ossibuchi e metteteli a rosolare nel burro; salate, pepate e bagnate con un po' di vino bianco secco. Quando il vino si sarà asciugato aggiungete brodo caldo (o acqua) sufficiente per la cottura, che dovrà protrarsi per circa un'ora. Una decina di minuti prima di spegnere unite un trito di prezzemolo, scorza di limone (solo la parte gialla), aglio, cipolla e acciuga lavata e diliscata. Lasciate insaporire ancora per qualche minuto rigirando gli ossibuchi, quindi servite accompagnando con un buon risotto allo zafferano.

Pajata al forno

◀ Lazio ▶

800 g di pajata (budella di vitello da latte), 500 g di patate, 2 spicchi di aglio, 2 rametti di rosmarino, aceto, olio extravergine di oliva, sale, peperoncino rosso.

Pulite le budella della pelle e tagliatele in lunghi pezzi che legherete con del filo da cucina formano delle ciambelline e spruzzatele con l'aceto.
Pelate le patate, tagliatele a spicchi e distribuitele in una teglia da forno condendole con l'olio, l'aglio a fettine, il rosmarino, sale e peperoncino. Distribuite le budella sopra le patate e fate cuocere in forno caldo (180 °C) per tre quarti d'ora, avendo cura di mescolare le patate di tanto in tanto e di aggiustare il tutto di sale prima di servire.

PASTISSÀDA DE CAVÀL

◀ *Veneto* ▶

1 kg di polpa di puledro, 1 kg di cipolle, 1 l c. di vino rosso secco, 3 carote, 2 foglie d'alloro, 4 chiodi di garofano, paprica, 1 noce di burro, olio extravergine d'oliva, sale, pepe.

Questo tipico piatto è uno stracotto di carne di cavallo molto appetitoso che risulterà migliore tanto più se ne prolungherà la cottura. Tritate finemente le verdure e soffriggetele in un tegame con olio e burro, quindi aggiungete la carne a pezzi e lasciatela rosolare per qualche minuto; unite il vino, le spezie, il sale e il pepe e proseguite la cottura a fuoco molto lento. La pietanza sarà pronta quando la carne tenderà a disfarsi e le verdure saranno ridotte in purea. Accompagnate in tavola con una buona polenta fumante non troppo soda.

PECORA IN UMIDO

◀ *Abruzzo* ▶

1,5 kg di carne di pecora, 1 cipolla, 1 mazzetto aromatico (timo, alloro, rosmarino, salvia ecc.), 1 l di salsa di pomodoro, 1/2 bicchiere d'olio extravergine d'oliva, sale, peperoncino rosso in polvere.

In caso ce ne fosse bisogno, provvedete a disossare la carne, salarla internamente e a legarla con lo spago a mo' d'arrosto. Strofinate la superficie della carne con il sale, quindi ponetela a rosolare in un tegame in cui avrete fatto scaldare l'olio, quando si sarà uniformemente dorata unite un trito di aromi e cipolla e condite con il peperoncino. Fate rosolare il tutto rigirando di tanto in tanto il pezzo di carne, quindi versate nel tegame anche la salsa di pomodoro. Non appena la salsa prende il bollore abbassate la fiamma e proseguite la cottura per circa 2 ore e mezza, ponendo sotto il tegame una retina frangifiamma.

Volendo è possibile usare il sugo di cottura per condire la pasta (la carne verrà invece servita in tavola come secondo), nel qual caso sarà bene aumentare la dose di salsa di pomodoro.

PICCIONI IN SALMÌ

◄ *Umbria* ►

2 piccioni, 1 cipolla, 1 carota, 1 gambo di sedano, 1 spicchio d'aglio, prezzemolo, salvia, rosmarino, alloro, 1 acciuga, vino bianco, aceto, olio extravergine d'oliva, sale, pepe, crostini di pane.

Pulite, lavate e tagliate a pezzi i piccioni; metteteli in un tegame a rosolare assieme a un battuto di cipolla, carota, sedano, prezzemolo e un giro d'olio. Aggiungete qualche foglia di salvia, il rosmarino sminuzzato, alloro, due dita di vino bianco e altrettanto d'aceto. Salate e pepate, lasciando poi cuocere per circa un'ora.

Togliete dal tegame i piccioni e passate il sugo di cottura attraverso un colino; una volta filtrato, unite l'acciuga diliscata e tritata, lo spicchio d'aglio pestato e un po' d'aceto. Rimettete i piccioni nel tegame con il sugo e lasciate insaporire per qualche minuto su fiamma moderata. Servite con crostini di pane fritti.

PICCIONI RIPIENI

◄ *Basilicata* ►

2 piccioni, 2 larghe fette di prosciutto crudo non troppo fini, 1/2 bicchiere di vino bianco, 1 cucchiaio di strutto.

Per il ripieno: le frattaglie dei piccioni, 1 uovo, 1 spicchio d'aglio, rosmarino, 2-3 cucchiai di pangrattato, olio extravergine d'oliva, sale, pepe.

Spennate e pulite i piccioni, conservando le frattaglie; salateli e pepateli. Tagliate le interiora, unitele al pangrattato, un po' di rosmarino e aglio tritati, un giro d'olio; in ultimo, amalgamate al composto anche il tuorlo d'uovo. Mescolate bene, aggiungendo anche un po' di sale. Spegnete e lasciate intiepidire, quindi con il composto farcite l'interno dei piccioni, ricucendo l'apertura; avvolgeteli poi con le fette di prosciutto crudo.

Sul fornello fate sciogliere lo strutto in una teglia da forno, quindi mettete a cottura i piccioni, facendoli rosolare in maniera uniforme. Bagnate con il vino bianco e, dopo qualche minuto, passate a cuocere in forno. Rigirate di tanto in tanto la carne e, se ce ne fosse bisogno, unite un po' di acqua calda salata; il tempo di cottura varia da 30 a 45 minuti.

POLENTA PASTICCIATA

◄ *Friuli Venezia-Giulia* ► 📷

200 g di farina di mais fine, 50 g di farina di mais grossa, 200 g di castrato, 1/2 pollo, 300 g di polpa di maiale affettata, 1 piccione, 2 salsicce, 1 cipolla, 1 carota, timo, salvia, rosmarino, 1 bicchiere di vino rosso, brodo q.b., latte, 2 cucchiai di farina, aceto, burro, olio extravergine d'oliva, sale.

Con qualche giorno di anticipo, fate marinare il castrato in acqua e aceto in luogo fresco. Trascorso il tempo, lavatelo e in un tegame rosolatelo in olio e burro con un battuto di cipolla, carota, timo, salvia e rosmarino. Unite poi anche le altre carni, bagnate con il vino rosso, lasciate evaporare e versate un bicchiere di brodo, proseguendo lentamente la cottura per circa un'ora.

Nel frattempo preparate una polenta tenera con la farina di granoturco fine e grossa, adoperando per la cottura acqua e latte. Appena sarà pronta versatela sul tagliere, lasciatela raffreddare e affettatela. Ungete una teglia da forno, allineatevi le fette di polenta, coprendole con le carni cotte disossate e spezzettate. A parte fate fondere due cucchiai di burro, unite la farina e lasciate tostare. Diluite con il sugo di cottura della carne filtrato e non appena il composto assumerà una consistenza cremosa, versatelo sulla carne e la polenta. Passate in forno per 10 minuti e servite.

POLENTA TARAGNA

◀ Lombardia ▶

400 g di farina di grano saraceno, 50 g di burro, 300 g di formaggio tenero e filante (fontina o taleggio o, ancora più adatto, bitto), sale.

Preparate anzitutto la polenta con la farina di grano saraceno (se lo ritenete opportuno o lo preferite, mescolatela con della farina di mais). Al termine della cottura, togliete la polenta dal fuoco, unite il burro a pezzetti e il formaggio a fettine e rimettete ancora sul fuoco per qualche minuto, mescolando. Quando tutti gli ingredienti si saranno adeguatamente amalgamati, servite senza ulteriore indugio, ben calda e fumante. Alcune versioni consigliano di aromatizzare la polenta taragna con un poco di tartufo grattugiato al momento di servire.

POLLO IN SALSA PICCANTE

◀ Basilicata ▶

1 grosso pollo, 400 g di pomodori maturi, 1 cipolla, 2 peperoncini rossi, 1/2 bicchiere di vino bianco, 1 ciuffo di basilico, olio extravergine d'oliva, sale, pepe.

Pulite il pollo, lavatelo e tagliatelo a piccoli pezzi. In un tegame con dell'olio fate appassire la cipolla sottilmente affettata.

Unite il pollo e, mescolando, fatelo rosolare per qualche minuto; bagnate con il vino bianco e fate evaporare. Spellate i pomodori (aiutatevi tuffandoli per un attimo in acqua bollente), privateli dei semi e tritateli grossolanamente; uniteli quindi al pollo, insaporendo con i peperoncini sminuzzati e il sale. Mescolate, coprite il tegame e portate a cottura (circa 1 ora) mantenendo su fiamma bassa e mescolando di tanto in tanto. Prima di spegnere insaporite con il basilico sminuzzato.

PUCCIA

◀ Valle d'Aosta, Piemonte ▶

300 g di farina di mais, 1/2 cavolo, 300 g di carne grassa di maiale, parmigiano grattugiato, sale, pepe in grani.

Pulite, lavate e riducete a pezzetti il cavolo; tagliate la carne di maiale a dadini. Disponete il tutto in una pentola con 1,5 l d'acqua salata e portate a ebollizione, facendo cuocere per mezzora. Infine versate la farina di mais a pioggia e, rimestando con il cucchiaio di legno, cuocete per altri 45 minuti.

Servite la polenta bollente completando con una spolverata di parmigiano grattugiato e una macinata di pepe.

SALTIMBOCCA ALLA ROMANA

◁ *Lazio* ▷

12 piccole fettine di vitello, 200 g di prosciutto crudo, salvia, vino bianco secco, olio extravergine d'oliva, sale, pepe.

Salate e pepate leggermente le fettine di carne, ponete su ognuna una fetta di prosciutto crudo e una foglia di salvia, quindi avvolgetele su se stesse fermando con uno stecchino. Disponete i saltimbocca in una padella con dell'olio e mettete a cuocere bagnando, dopo qualche minuto, con un po' di vino bianco. Servite i saltimbocca con il loro sugo di cottura.

SCALOPPINE ALL'ACETO BALSAMICO

◁ *Emilia Romagna* ▷

700 g di fesa di vitello tagliata a fettine, farina bianca, 2 cucchiai di aceto balsamico, 2 cucchiai di olio extravergine di oliva, 60 g di burro, sale, pepe.

In un tegame abbastanza largo in cui avrete fatto scaldare il burro e l'olio mettete a cottura le fettine di carne prima battute leggermente e passate nella farina. Lasciate cuocere per qualche minuto, senza però far loro prendere colore, quindi salate, pepate e spruzzate con l'aceto balsamico. Fate evaporare e completate la cottura unendo un po' di brodo, così che si venga a formare una salsina cremosa che andrà poi utilizzata per guarnire le scaloppine.

SCOTTIGLIA

◁ *Toscana* ▷

800 g di carni miste (vitello, pollo, maiale, coniglio ecc.), 1 cipolla, 2 spicchi d'aglio, 1 cucchiaio di prezzemolo tritato, rosmarino, 1/2 bicchiere di vino rosso, 1/2 bicchiere di salsa di pomodoro, 1 bicchiere d'olio extravergine d'oliva, sale, pepe.

Tritate finemente l'aglio, la cipolla, poco rosmarino e il prezzemolo, mettendoli poi a soffriggere con l'olio. Mentre imbiondiscono, tagliate a pezzetti tutte le carni e unitele al soffritto quando è pronto. Salate, pepate e lasciate insaporire per qualche minuto prima di aggiungere il vino rosso.
Quando il vino sarà evaporato, versate la salsa di pomodoro, mescolate e coprite, lasciando cuocere a fuoco lento e aggiungendo un po' di brodo (va bene anche di dado), se la carne si asciuga troppo. Al momento di servire la scottiglia disponete sul fondo di ogni piatto una fetta di pane casereccio tostato e strofinato con uno spicchio d'aglio.

STINCO DI MAIALE AL FORNO

◁ *Trentino-Alto Adige* ▷

4 stinchi di maiale, 1 carota, 1 gambo di sedano, 2 rametti di rosmarino, 2 bicchieri di vino bianco, 1 bicchiere di brodo, olio extravergine d'oliva, sale.

Disponete la carne in una teglia e conditela con le verdure a pezzi, il rosmarino, l'olio e sale. Dopo averla rosolata in modo uniforme su fiamma abbastanza forte, bagnatela con un bicchiere di vino e proseguite la cottura in forno a calore più moderato per almeno 2 ore. Girate gli stinchi di tanto in tanto e manteneteli umidi bagnandoli con il fondo di cottura, il resto del vino e il brodo. Se la carne dovesse seccarsi troppo coprite la teglia con un foglio d'alluminio per alimenti.

STUFATO DI PECORA
◀ *Sardegna* ▶

2 kg di spalla di pecora "sementusa" (pecora tosata una sola volta), 2 kg di patate novelle, 1,5 kg di cipolle bianche di medie dimensioni, 3 pomodori secchi, 2 gambi di sedano, 3 carote piccole, prezzemolo, salvia, alloro, rosmarino, menta, sale.

In un capace tegame di acciaio disponete la carne tagliata a pezzi e unite 3 l circa d'acqua nella quale avrete versato gli odori (carote, gambi di sedano, pomodori secchi, prezzemolo, salvia, alloro, rosmarino, menta e poco sale). Unite le patate e le cipolle, fate scaldare portando a bollore a fuoco lento; lasciate cuocere per un paio d'ore in modo che l'acqua si riduca della metà circa, formando con gli odori e il grasso della pecora un sugo saporito. Controllate gli ingredienti – senza però mescolare – verificando che la carne, le patate e le cipolle siano imbevute del sugo che si è formato. Verificate la cottura della carne e servite lo stufato ben caldo.

UCCELLINI SCAPPATI
◀ *Lombardia* ▶

8 fettine di lonza di maiale, 8 fettine di pancetta, 8 foglie di salvia, 80 g di burro, sale, pepe.

Acquistate le fettine di lonza di maiale assicurandovi che siano molto sottili e comunque, prima di cucinarle, battetele per bene cospargendole di sale e pepe. Disponete su ogni fettina di carne una fettina di pancetta, una fogliolina di salvia e arrotolate accuratamente ogni involtino fermando con uno stuzzicadenti. Fate sciogliere il burro in un

tegame quindi fate cuocere gli involtini a fuoco vivace per almeno mezzoretta. Non prolungate eccessivamente la cottura poiché la lonza di maiale tende a indurirsi. Servite gli involtini ben caldi accompagnandoli con una polentina morbida.

VITELLO TONNATO
◀ *Valle d'Aosta, Piemonte* ▶ 📷

1 kg di carne magra di vitello, 1 carota, 1 cipolla, 1 gambo di sedano, 1 foglia d'alloro, 200 g di tonno sottolio, 4 acciughe, 2-3 cucchiai di capperi, 2 uova sode, 1 limone, 1 cucchiaio d'aceto, olio extravergine d'oliva, sale.

Lessate in acqua salata il vitello insieme con la carota, la cipolla, il sedano, la foglia d'alloro e l'aceto. Fate cuocere per circa un'ora e mezza; quando la carne sarà cotta, lasciatela raffreddare nel brodo di cottura, quindi scolatela bene e affettatela sottilmente. Nel frattempo tritate molto finemente (meglio se utilizzate un mixer) il tonno, le acciughe, i capperi e i tuorli delle uova sode; per amalgamare il tutto unite dell'olio, il succo del limone e, se necessario, un po' di brodo. Disponete le fettine di carne su un bel piatto da portata e copritele accuratamente con la salsa. Lasciate riposare per un paio d'ore in luogo fresco e poi servite.

SECONDI PIATTI DI PESCE

AGGHIOTTA DI PESCE SPADA

◀ *Sicilia* ▶

1 kg di pesce spada, 500 g di polpa di pomodoro, 1 cipolla, 1 spicchio d'aglio, alloro, prezzemolo, capperi sottosale, vino bianco, farina bianca, olio extravergine d'oliva, sale.

Togliete la pelle al pesce e tagliatelo a fette, infarinatelo e fatelo friggere in un tegame con abbondante olio; quindi scolatelo, lasciatelo asciugare su carta assorbente e insaporitelo con sale. Ponete sul fornello una teglia da forno con la cipolla e l'aglio tritati, alcune foglie d'alloro spezzettate, la polpa di pomodoro, un pizzico di sale e un giro d'olio. Cuocete per una ventina di minuti, quindi togliete dal fuoco e unite le fette di pesce fritto spolverando con del prezzemolo tritato, aggiungendo qualche cappero e una spruzzata di vino bianco. Infornate a calore medio per una quindicina di minuti prima di servire.

BACCALÀ ALLA LIVORNESE

◀ *Toscana* ▶

1 kg di stoccafisso bagnato, 500 g di pomodori maturi e sodi, 1 cipolla, 2 spicchi d'aglio, prezzemolo, basilico, farina bianca, olio extravergine d'oliva, pepe.

In realtà per questa preparazione viene adoperato lo stoccafisso (merluzzo essiccato e non sottosale come il baccalà), ma poiché la ricetta è più conosciuta con questo nome l'abbiamo mantenuto. Pulite bene lo stoccafisso da pelle e lische, tagliatelo a pezzi, asciugatelo con cura e infarinatelo. Lasciate insaporire alcuni cucchiai d'olio con un trito d'aglio e rosolatevi i pezzi di stoccafisso rivoltandoli da en-

trambi i lati; lasciate cuocere a fuoco moderato e profumate con una macinata di pepe. Intanto preparate a parte la salsa di pomodoro. Fate ammorbidire nell'olio la cipolla finemente tritata, unite i pomodori passati al tritatutto dopo averli pelati (tuffateli per pochi istanti in acqua bollente) e privati dei semi. Lasciate asciugare la salsa e conditela con basilico e prezzemolo tritati, poi versatela sullo stoccafisso e proseguite la cottura per circa mezzora.

BACCALÀ ALLA VICENTINA

◀ *Veneto* ▶ 📷

1 kg di stoccafisso già ammorbidito, 50 g di acciughe sottosale, 300 g di cipolla, 1 mazzetto di prezzemolo, farina bianca, latte, olio extravergine d'oliva, sale, pepe.

In realtà per questa preparazione viene adoperato lo stoccafisso (merluzzo essiccato e non sottosale come il baccalà), ma poiché la ricetta è più conosciuta con questo nome l'abbiamo mantenuto.
Affettate sottilmente la cipolla e rosolatela in alcuni cucchiai d'olio; non appena si sarà ammorbidita (non deve prendere colore) unite il prezzemolo tritato con le acciughe ben pulite dal sale e dalle lische. Lasciate scaldare bene il sugo mescolando in modo che le acciughe si sciolgano nell'olio, poi spegnete. Pulite lo stoccafisso da pelle e lische, tagliatelo a pezzi e infarinatelo leggermente. Disponetelo in una pentola di coccio e ricopritelo con la salsina di cipolla e con olio e latte in parti uguali fino a ricoprirlo. Coprite e lasciate cuocere a fiamma bassa per almeno 3 ore, smuovendo di tanto in tanto la pentola per i manici. Servite accompagnando con polenta calda.

CACCIUCCO ALLA LIVORNESE

◄ *Toscana* ►

600 g di pesce da zuppa con lisca, 800 g di pesce da taglio (palombo, coda di rospo, muggine...), 1 kg di molluschi (calamari, polpi, seppie...), 4-5 canocchie o cicale di mare (una per ogni commensale), 500 g di pomodori maturi, 1 cipolla, 1 carota, 1 gambo di sedano, 2 spicchi d'aglio, 1 bicchiere di vino rosso, prezzemolo, olio extravergine d'oliva, sale, peperoncino rosso, fette di pane.

Pulite i diversi tipi di pesce. Lavate e tritate insieme cipolla, carota e sedano e fateli rosolare in abbondante olio. Non appena la cipolla inizia a imbiondire aggiungete i polpi e le seppie tagliati a pezzi grossolanamente; dopo averli fatti soffriggere leggermente irrorateli con il vino. Dopo circa 10 minuti di cottura levateli dalla pentola in cui aggiungerete invece i pomodori, pelati, privati dei semi e tagliati a cubetti, i pesci da zuppa ed eventuali teste di pesce messe da parte durante la pulizia; bagnate con qualche mestolo di brodo o acqua bollente. Dopo 15-20 minuti di cottura passate il pesce al setaccio e rimettete immediatamente sul fuoco.
A questo punto aggiungete al passato i molluschi, precedentemente cotti, ed eventualmente allungate con dell'acqua o del brodo caldo, salate, aromatizzate con il peperoncino. Dopo 20 minuti di cottura unite gli ultimi pesci tenuti da parte (cicale, calamari, pesci da taglio) e mantenete sul fuoco per altri 20 minuti; poco prima di spegnere unite una buona manciata di prezzemolo tritato. Badate di tenere il *cacciucco* piuttosto allungato e a cottura ultimata servitelo in ciotole in cui saranno state sistemate fette di pane ben abbrustolite. Una variante di questa ricetta prevede la sostituzione del bicchiere di vino rosso con una eguale dose d'aceto.

CALAMARI RIPIENI

◄ *Friuli Venezia-Giulia* ► 📷

8 calamari già puliti, 2 spicchi d'aglio, 1 uovo (facoltativo), 1 manciata di prezzemolo, pangrattato, olio extravergine d'oliva, sale, pepe.

Pulite, lavate e asciugate i calamari. Preparate il ripieno tritando i tentacoli dei calamari assieme all'aglio e al prezzemolo; regolate di sale e pepe e soffriggete il composto nell'olio, dove avrete precedentemente rosolato qualche cucchiaio di pangrattato. Se vi sembra opportuno, una volta intiepidito potete legare il ripieno col tuorlo di un uovo. Utilizzate il composto per riempire le sacche dei calamari, chiudendo l'apertura con uno stuzzicadenti; fateli poi arrostire, adeguatamente unti e salati, sulla griglia già calda.

108

110

LUCCIO IN SALSA

◀ *Veneto* ▶ 📷

1 luccio di c. 1 kg , 1 carota, 1/2 cipolla, 1 costa di *sedano*, 1 bicchiere di vino bianco, sale, pepe in grani.
<u>Per la salsa</u>: 150 g di prezzemolo, 150 g di acciughe sottosale, 150 g di capperi, olio extravergine d'oliva.

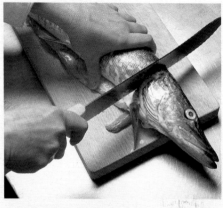

◆ Pulite il luccio dalle interiora, lavatelo sotto acqua corrente e scolatelo per bene.

◆ Fate bollire il pesce in una casseruola con acqua aromatizzata con il vino e le verdure, qualche grano di pepe e sale.

◆ Nel frattempo preparate la salsa: tritate finemente i capperi, il prezzemolo e le acciughe (pulite dal sale con un panno umido e diliscate) e amalgamate questo trito con abbondante olio. Terminata la cottura del luccio, diliscatelo e sfilettatelo, disponendo la polpa in una pirofila.

◆ Conditelo con la salsa e lasciatelo riposare per qualche tempo (meglio una notte intera) così che i sapori degli ingredienti si amalgamino. Servite accompagnando con polenta appena fatta o abbrustolita a fette sulle braci.

COREGONE
CON POMODORI E PATATE

◀ *Lombardia* ▶

2 coregoni di 500 g cad., 4 pomodori maturi, 3 patate di media grandezza, 4 cucchiai d'olio extravergine d'oliva, 6 foglie di basilico, sale, pepe.
<u>*Per il fumetto di pesce*</u>*: gli scarti della pulitura del pesce, 1 carota, 1 cipolla, 1 gambo di sedano, qualche foglia d'alloro, 1 mazzetto di prezzemolo, 1 bicchiere di vino bianco, sale.*

Come prima cosa lavate con cura il pesce, eliminate le interiora e poi pulitelo delle lische e della pelle ricavandone in tutto 8 filetti che terrete da parte.
Preparate il fumetto di pesce mettendo a bollire per un'ora le verdure con le carcasse dei pesci. A fine cottura passate tutto al setaccio e raccogliete il fumetto in una padella. Salate e aggiungete il bicchiere di vino. Quando il vino si sarà scaldato, mettete a cuocere i filetti di coregone per qualche minuto fino alla completa evaporazione di tutto il vino. Fate ora lessare le patate, sbucciatele e tagliatele a dadini, tagliate a dadini molto piccoli anche i pomodori privi di buccia e, dopo aver disposto il pesce con il suo brodetto in un piatto da portata, coprite con i pomodori, le patate e le foglie di basilico tagliuzzate. Insaporite con sale, pepe e olio extravergine d'oliva quindi servite in tavola.

LAVARELLO AL CARTOCCIO

◀ *Veneto* ▶

4 lavarelli di media grossezza, 1 cipolla, 1 gambo di sedano, 1 carota, 3 spicchi d'aglio, qualche foglia di basilico, olio extravergine d'oliva, sale, pepe.

Pulite i pesci, lavateli, asciugateli e insaporiteli internamente con sale e pepe. Dopo aver preparato un trito con le verdure, destinate un foglio di carta stagnola per ogni lavarello che ungerete con olio e aromatizzerete con un po' di verdure tritate. Con il resto del battuto farcite i pesci, metteteli nella stagnola e chiudete bene. Ponete, infine, i cartocci sulla placca del forno e fate cuocere a 180 °C per 45 minuti.

PANADA ASSEMINESE

◀ *Sardegna* ▶

700 g di anguille, 300 g di semola, 5 pomodori secchi, aglio, 1 ciuffo di prezzemolo, 50 g di strutto, olio extravergine d'oliva, sale, pepe.

Pulite le anguille eliminando la testa e le interiora, lavatele, asciugatele e tagliatele a pezzi. Impastate la semola con poca acqua tiepida, lo strutto fuso a bagnomaria, e un pizzico di sale così da ottenere un impasto morbido ed elastico. Stendetelo con il matterello in due sfoglie sottili. Con la più grande rivestite la parte interna di una teglia, e sistematevi le anguille. Cospargetele con un abbondante trito di prezzemolo, aglio e pomodori secchi; irrorate con

olio e insaporite con un pizzico di sale e uno di pepe.

Coprite con la seconda sfoglia e premete i bordi in modo che la *panada* risulti perfettamente sigillata.

Fate cuocere in forno ben caldo per una trentina di minuti, avendo cura, verso la fine, di ridurre la temperatura del forno.

I pomodori secchi possono essere aggiunti a striscioline, ma devono comunque essere lavati e privati dei semi.

SARDE *A BECCAFICU*

◀ *Sicilia* ▶

1 kg di sarde, 5 acciughe sottosale, 80 g d'uva passa, 80 g di pinoli, 1 limone, 1 mazzetto di prezzemolo e basilico, 1 rametto d'alloro, 2 cucchiai di zucchero, 150 g di pangrattato, olio extravergine d'oliva, sale, pepe.

Pulite e spinate le sarde aprendole a libro, lavatele e lasciatele asciugare stese su un canovaccio.

Pulite le acciughe dal sale e da eventuali lische e tritatele finemente, poi amalgamatele al pangrattato che avrete rosolato con qualche cucchiaio d'olio, all'uva passa lasciata ammorbidire in acqua tiepida e scolata, al prezzemolo tritato e ai pinoli; salate e pepate. Distribuite il composto sulle sarde e arrotolatele a involtino fermando con uno stecchino.

Sistemate gli involtini in una pirofila, in cui avrete versato un filo d'olio, alternandoli con foglie d'alloro e conditeli con una salsina preparata sciogliendo lo zucchero nel limone e allungando con qualche cucchiaio d'olio. Passate a cuocere in forno caldo a 200 °C per una ventina di minuti. Servite spolverando con basilico sminuzzato e accompagnando con spicchi di limone.

SCAMPI
ALLA BUSARA

◀ *Friuli Venezia-Giulia* ▶

12 scampetti dell'Adriatico, 1 cipolla, 1 spicchio d'aglio, 1 ciuffo di prezzemolo, 1 cucchiaio di conserva di pomodoro, 1 pizzico di peperoncino rosso, 1/2 bicchiere di vino bianco, 1/2 bicchiere d'olio extravergine d'oliva, burro, sale, pepe, crostini di pane.

Fate soffriggere nell'olio l'aglio e la cipolla; non appena il soffritto avrà preso colore mettete a cottura gli scampi lavati e ben scolati.

Lasciateli rosolare così che prendano un bel colore rosato, bagnate con il vino e fatelo consumare a fuoco lento.

A questo punto aggiungete il peperoncino, il pepe, il sale, la conserva di pomodoro sciolta in mezza tazza d'acqua e proseguite un po' la cottura, rigirando più volte i crostacei nel sughetto di cottura. Poco prima di togliere dal fuoco, cospargete di prezzemolo tritato finemente.

Servite su crostini di pane.

TONNO ALLA CATANESE

◀ *Sicilia* ▶

4 tranci di tonno, 1 spicchio d'aglio pestato, 1 tazza di olive nere, 1 tazzina di capperi sciacquati, 1 tazzina di battuto di erbe aromatiche, 1 mazzetto di basilico, 1 bicchiere di vino bianco, olio extravergine d'oliva, peperoncino, sale.

Preparazione tanto semplice e veloce quanto gustosa e di sicuro successo.

Fate rosolare nell'olio il battuto di erbe e l'aglio, aggiungete il pesce, i capperi, le olive e versate il vino.

Condite con sale e un po' di peperoncino, poi portate a cottura. Servite cospargendo di basilico.

CONTORNI

ASPARAGI ALLA PARMIGIANA

◄ *Emilia Romagna* ►

1 kg di asparagi di media grandezza, 150 g di parmigiano grattugiato, 100 g di burro, sale.

Legate a mazzetti gli asparagi con dello spago e immergeteli in una pentola d'acqua bollente con le punte rivolte verso il coperchio, avendo cura che l'acqua arrivi a qualche centimetro di distanza dalle punte. Lasciate cuocere per circa 15 minuti, quindi togliete i mazzetti dalla pentola, tagliate lo spago e disponete gli asparagi a raggiera in un'ampia padella, facendo in modo che la parte finale del gambo appoggi sopra il bordo della stessa. Mettetela su un fuoco moderato e sopra gli asparagi distribuite il burro tagliato a pezzetti. Quando sarà completamente fuso, spolverate con circa 70 g di parmigiano grattugiato, lasciate cuocere ancora per un minuto e quindi spegnete il fuoco.

Disponete gli asparagi su un piatto da portata nella stessa posizione in cui li avete cotti in padella, versate sopra le punte il burro fuso rimasto dalla cottura e spolverate con il resto del parmigiano grattugiato.

CAPONATA

◄ *Sicilia* ►

4 melanzane, 4 grossi pomodori maturi e sodi, 100 g di olive nere, 1/2 gambo di sedano, 1 cipolla, 1 spicchio d'aglio, 50 g di capperi sottosale, aceto di mele, olio extravergine d'oliva, sale grosso e sale fino.

Pulite le melanzane, tagliatele a cubetti, cospargetele di sale grosso e lasciatele sgocciolare per mezzora dentro un colapasta. Nel frattempo affettate fine-

mente la cipolla, schiacciate l'aglio, passate al setaccio i pomodori dopo averli sbucciati (aiutatevi tuffandoli per qualche istante in acqua bollente), snocciolate le olive e tagliatele a pezzi grossolani, pulite e affettate il sedano. Mettete poi tutto in una pentola con poco olio, aggiungete anche i capperi lavati e fate cuocere a fuoco non troppo allegro sino a ottenere una salsa piuttosto densa. Tornate quindi a occuparvi delle melanzane; scolatele dall'acqua di vegetazione, saltatele a parte con dell'olio e unitele poi alla salsa, lasciando cuocere ancora per una decina di minuti. Prima di spegnere aggiustate di sale e aggiungete un goccio d'aceto. Servite la caponata preferibilmente fredda.

CARCIOFI ALLA GIUDIA

◄ *Lazio* ►

4 carciofi, 1 mazzetto di prezzemolo, alcune foglie di menta fresca, olio extravergine d'oliva, sale.

Spuntate i carciofi, eliminate le foglie esterne, tagliate il gambo, lavateli, scolateli e asciugateli.

Allargate un po' le foglie nel centro, mettetevi dentro un po' di prezzemolo e di menta tritati e una presa di sale. Sistemate i carciofi in una piccola casseruola, in modo che stiano ritti, uno accanto all'altro, versateci tanto olio quanto ne occorre per arrivare circa a metà dei carciofi e mettete il recipiente sul fuoco. Cuocete a fiamma viva, con il recipiente scoperto e, quando le foglie sono diventate color oro scuro e ben croccanti, coprite la casseruola con un coperchio e proseguite ancora per qualche minuto a fiamma moderata. Infine, scolate i carciofi e disponeteli su un piatto da portata.

CARCIOFI FRITTI

◄ *Marche* ►

6 carciofi teneri e abbastanza grossi, 3 uova, farina, limone, olio per friggere, sale, pepe.

Pulite i carciofi togliendo il gambo, le foglie più dure e le punte; tagliateli a spicchi e lasciateli immersi per un po' in acqua acidulata con succo di limone. Sbattete le uova con un pizzico di sale e pepe, asciugate i carciofi e passateli nella farina e poi nell'uovo; friggeteli in abbondante olio bollente.

CARDI ALLA BRINDISINA

◄ *Puglia* ►

1 kg di cardi, capperi, 80 g di olive nere, 4 acciughe diliscate, prezzemolo, 1 limone, pangrattato, olio extravergine d'oliva, sale, pepe.

Pulite i cardi e tagliateli in modo da renderli simili a dei bastoncini di uguale lunghezza. Lessateli per circa un'ora in acqua salata e leggermente acidulata con succo di limone; scolateli, asciugateli e disponeteli a strati in un tegame leggermente unto d'olio.
Tra uno strato e l'altro distribuite un po' di capperi, le olive snocciolate, le acciughe tagliate a pezzetti, il trito di prezzemolo, sale e pepe. Infine, giunti all'ultimo strato, completate con un giro d'olio e una spolverata di pangrattato. Infornate a calore medio e, raggiunta la giusta doratura, togliete dal forno.

CIPOLLINE IN AGRODOLCE

◄ *Emilia Romagna* ►

450 g di cipolline bianche piatte, 1/2 bicchiere di aceto balsamico, 40 g di zucchero, 7 cucchiai di olio extravergine di oliva, 60 g di burro, sale.

Mondate le cipolline, lavatele e asciugatele con cura. Versatele poi in un tegame e ponetele al fuoco su fiamma moderata; quando iniziano a prendere colore, unite il burro e l'olio e fate rosolare mescolando continuamente con un cucchiaio di legno.
Bagnate con l'aceto, lasciate che evapori quasi del tutto, quindi unite lo zucchero; abbassate la fiamma al minimo, coprite il tegame e proseguite la cottura unendo un po' di acqua calda qualora fosse necessario. Dopo circa mezzora, rigirate le cipolline e proseguite la cottura per altri 30 minuti. Al termine le cipolline dovranno essere caratterizzate da un sughetto né troppo denso né troppo liquido, con il quale le dovrete ricoprire al momento di servirle in tavola.

117

CRAUTI

◀ *Trentino Alto-Adige* ▶ 📷

1 kg di crauti lattofermentati, 3 spicchi d'aglio, brodo q.b., olio extravergine d'oliva, sale.

Fate scaldare dell'olio, aggiungete gli spicchi d'aglio schiacciati e lasciateli rosolare leggermente, levandoli appena prendono colore. Passate rapidamente i crauti sotto l'acqua, scolateli e insaporiteli per qualche minuto nel soffritto; copriteli con brodo o acqua calda, salate e cuocete a fuoco basso e pentola coperta, rimestando di tanto in tanto.
La bontà dei crauti dipenderà dalla paziente cottura degli stessi, quando assumeranno un colore dorato saranno pronti. I crauti si sposano perfettamente con i würstel, formando una delle "coppie gastronomiche" più tipiche dell'Alto Adige.

FAGIOLI AL FIASCO

◀ *Toscana* ▶ 📷

350 g di fagioli cannellini sgranati, 6 foglie di salvia, 2 spicchi d'aglio, 1/2 bicchiere d'olio extravergine d'oliva, sale, pepe.

È una ricetta antica, la cui preparazione richiede tempo e pazienza. Innanzitutto procuratevi un fiasco vuoto di vetro della capacità di due litri; togliete la paglia e lavatelo bene. Riempitelo di fagioli fino a due terzi, quindi aggiungete l'olio, la salvia tritata grossolanamente, l'aglio schiacciato e due bicchieri d'acqua. Tappate il fiasco con la paglia del rivestimento, con stoppa o cotone, ma senza premere troppo, in modo che l'acqua possa evaporare durante la cottura. A questo punto i contadini toscani appoggiavano il fiasco in verticale sulla brace coperta da cenere

tiepida, lasciando cuocere i fagioli per almeno 5 ore o addirittura tutta la notte. In mancanza del camino, voi potrete mettere il fiasco in forno a temperatura media, immerso a bagnomaria in una pirofila.

I fagioli saranno pronti quando sarà evaporata tutta l'acqua del fiasco e i legumi avranno assorbito completamente l'olio. Estraete dunque i fagioli dal fiasco, salateli e pepateli abbondantemente, quindi conditeli con tanto olio extravergine d'oliva che ci possano nuotare dentro.

FAVE ALLA *SCAFATA*

◀ *Umbria* ▶

600 g di fave fresche sgranate, 4 cipollotti, 3 pomodori maturi e sodi, 120 g di guanciale, 1 mazzetto di finocchio selvatico, mentuccia, olio extravergine di oliva, sale, pepe.

120

In un tegame di coccio fate rosolate un battuto di guanciale e cipollotti; non appena il soffritto prende colore unite le fave insaporite con un trito grossolano di mentuccia e finocchio selvatico. Lasciate rosolare per circa 5 minuti, quindi aggiungete i pomodori pelati, privati dei semi e tritati e insaporite con sale e una macinata di pepe. Lasciate cuocere per circa mezzora e, se fosse ne-

cessario, unite qualche mestolo di acqua calda salata (al termine le fave devono presentarsi abbastanza asciutte).

FRITTELLE DI FARINA DI CECI

◀ *Liguria* ▶

500 g di farina di ceci, 1 pizzico di lievito per pizza, 1 cipollina tritata, 1 pizzico di maggiorana tritata, olio d'oliva, sale, pepe.

Stemperate e lavorate la farina di ceci con l'acqua necessaria a ottenere un composto denso; unite il lievito e lasciate riposare per una notte.

Il giorno dopo mescolate il composto aggiungendo la cipolla e la maggiorana tritate e un pizzico di sale.

Friggete poi la pastella nell'olio bollente, gettandola in padella a cucchiaiate. Servite le frittelle calde spolverizzate di sale fino.

INSALATA DI ARANCE

◀ *Abruzzo, Molise* ▶

4 belle arance dolci, 150 g di alici sottolio, olio extravergine di oliva, sale.

Poiché la ricetta consiglia di non sbucciare le arance, preferibilmente orientatevi per l'acquisto verso frutta di produzione biologica.

Lavate bene le arance e tagliatele poi a fettine circolari spesse qualche millimetro.

Disponetele su un piatto da portata e sopra distribuite le alici pulite per quanto possibile delle spine e tagliate a filettini. Condite con un filo di olio e una presa di sale. Servite questa pietanza dopo averla lasciata riposare per qualche tempo in luogo fresco.

condendoli con olio, sale e pepe macinato al momento.

Fate poi cuocere in forno moderatamente caldo per circa 1 ora, mescolando di tanto in tanto.

MELANZANE AL FORNO

◀ *Basilicata* ▶

4 melanzane di media grossezza, 4 pomodori secchi, 1 spicchio d'aglio, 1 mazzetto di prezzemolo, qualche foglia di basilico, olio extravergine d'oliva, sale, pepe.

LAMPASCIONI AL FORNO

◀ *Puglia* ▶

500 g di lampascioni freschi, olio extravergine di oliva, sale, pepe.

Per ridurre il sapore amaro che caratterizza queste "cipolle" selvatiche, mondate i lampascioni e lasciateli a bagno per due giorni in acqua fredda, provvedendo a rinnovarla spesso.

Scolateli per bene, praticate un taglio a croce alla base di ciascun lampascione e disponeteli in una teglia da forno

Spuntate e lavate anzitutto le melanzane, tagliatele a metà per il lungo, salatele e ponetele su un piano inclinato, gravate da un peso, perché possano perdere il loro liquido amaro. Nel frattempo, lavate e asciugate il prezzemolo e le foglie di basilico, sbucciate l'aglio e preparate un trito di tutto.

Asciugate le melanzane con un canovaccio da cucina pulito e, servendovi di un coltellino, incidete su ognuna alcuni tagli in cui inserire il trito di erbe aromatiche.

Disponete quindi le melanzane con la parte tagliata verso l'alto in una teglia unta d'olio, sparpagliatevi sopra i pomodori secchi tagliati a pezzettini e mettete nel forno caldo alla temperatura di 180 °C per almeno 30 minuti. Al termine della cottura potrete scegliere se servire in tavola le melanzane ancora calde o lasciarle prima raffreddare.

121

MELANZANE RIPIENE

◀ *Puglia* ▶ 📷

4 belle melanzane, 100 g di mortadella, 2 pomodori maturi e sodi, 2 uova, pangrattato, 1 manciata di pecorino grattugiato, olio extravergine d'oliva, sale, pepe.

Tagliate le melanzane a metà nel senso della lunghezza e togliete la polpa nella parte centrale. Quest'ultima verrà tritata insieme con i pomodori e fatta cuocere con un po' d'olio, sale e pepe per una ventina di minuti. Aggiungete poi le uova sbattute, il pecorino, un po' di pangrattato e la mortadella tritata. Amalgamate bene e riempite con il composto le melanzane svuotate; sistematele in una teglia unta d'olio e conditele ancora una volta con formaggio, sale e pepe. Versate sul fondo del tegame un dito d'acqua, quindi fate cuocere in forno per circa un'ora a calore moderato.

PATATE IN TEGLIA

◀ *Friuli Venezia-Giulia* ▶

1 kg di patate, 1 cipolla, 1 mestolo di brodo, 2 cucchiai di strutto (o l'equivalente d'olio extravergine d'oliva), sale, pepe.

Lessate le patate con la buccia e, una volta intiepidite, pelatele e tagliatele a grosse fette. In un tegame capiente, fate soffriggere nello strutto (o nell'olio) la cipolla finemente affettata: non appena questa risulterà dorata, unitevi le patate, sale e pepe e il brodo. A questo punto schiacciate grossolanamente le patate contro il fondo della teglia con l'aiuto di un cucchiaio di legno o di una forchetta, quindi lasciate che arrostiscano a fuoco lento fino alla formazione di una crosticina dorata sul fondo della padella. Ora voltatele e friggetele dall'altro lato.

Se disponete di tempo e pazienza potete ripetere l'operazione più volte, badando di incorporare a ogni ripresa la crosticina che avrete raschiato dal fondo del tegame: alla fine le patate risulteranno più saporite e decisamente più "abbronzate".

PEPERONATA

◀ *Puglia* ▶ 📷

500 g di peperoni rossi e gialli, 2 grosse cipolle, 400 g di pomodori, basilico, 2 cucchiai di capperi, 1 pizzico di origano, olio extravergine d'oliva, sale, pepe.

Bruciacchiate sul fuoco i peperoni per togliere la pelle esterna. Apriteli, privateli dei semi e tagliateli a listerelle. Pulite e spellate i pomodori (aiutatevi

tuffandoli per un attimo in acqua bollente) riducendoli a pezzetti.

Affettate le cipolle e fatele stufare in una teglia con un po' d'olio; aggiungete quindi i peperoni, i pomodori, i capperi, qualche foglia di basilico, un pizzico di origano e, infine, il sale e il pepe. Fate cuocere lentamente per circa tre quarti d'ora, mescolando di tanto in tanto. La peperonata può essere servita calda o fredda.

PEPERONI CON LA MOLLICA

◀ Calabria ▶

1 kg di peperoni, 1 cucchiaio di capperi sottosale, origano, 1 cucchiaio di mollica di pane grattugiata, 2 cucchiai di pecorino grattugiato, 1/2 bicchiere di olio extravergine di oliva, sale, peperoncino rosso.

Mondate i peperoni dei semi e nervature interne, quindi lavateli e tagliateli nel senso della lunghezza a grosse falde. Scaldate l'olio in un ampio tegame e rosolate per qualche minuto i peperoni; se preferite eliminate par-

te dell'olio, quindi condite i peperoni con la mollica mischiata al formaggio grattugiato, i capperi, un pizzico di origano, sale e peperoncino. Prima di servire lasciate scaldare ancora per qualche minuto sul fuoco, mescolando con un cucchiaio di legno, così che i sapori dei vari ingredienti si amalgamino.

PISELLI AL PROSCIUTTO

◀ Lazio ▶

1 kg di piselli freschi, 1 cipolla, 150 g di prosciutto crudo, 1 ciuffetto di prezzemolo, brodo q.b., burro, olio extravergine d'oliva, sale, pepe.

In una casseruola mettete la cipolla tagliata a fettine sottili, dell'olio e un pezzetto di burro. Appena la cipolla appassisce versate i piselli, salate, pepate e bagnate con un po' di brodo o acqua calda. Poco prima di portare a termine la cottura aggiungete il prosciutto crudo tagliato a dadini e il prezzemolo tritato. Per variare potete sostituire il prosciutto crudo con prosciutto cotto. I piselli così preparati possono venire utilizzati anche per condire le tagliatelle.

POMODORI GRATINATI

◀ Umbria ▶

4 pomodori maturi e sodi, 1 manciata di prezzemolo, 2 spicchi d'aglio, polpa di olive nere, pangrattato, olio extravergine d'oliva, sale, peperoncino rosso.

Lavate i pomodori, tagliateli a metà e privateli dei semi; salateli all'interno e lasciateli svuotare dell'acqua di vegetazione mettendoli capovolti su un piano inclinato. Tritate finemente l'aglio e il prezzemolo e amalgamateli ad alcuni cio, esponendoli al sole dopo averli salati e leggermente pepati. Lasciateli al sole per circa una settimana e ritirateli al coperto durante la notte, in modo da evitare l'umidità. Metteteli infine in un contenitore, copriteli con l'olio aromatizzato con spicchi d'aglio e peperoncino, chiudete e attendete almeno 15 giorni prima di consumare.

cucchiai di polpa di olive e a una buona dose di pangrattato. Bagnate il composto con un po' d'olio e insaporite con sale e un pizzico di peperoncino, quindi utilizzatelo per farcire i pomodori che avrete disposto in una teglia oliata.

Spolverate con un po' di pangrattato e condite con un giro d'olio. Fate cuocere in forno per circa mezzora a calore moderato, poi alzate il calore e lasciate gratinare per 10 minuti. Volendo è possibile arricchire il ripieno con capperi o acciughe sottosale e guarnire con olive verdi o nere. Accompagnando i pomodori con riso integrale bollito potrete ottenere un gustoso e nutriente piatto unico.

POMODORINI ESSICCATI SOTT'OLIO

◀ *Puglia* ▶

Pomodorini, aglio, olio extravergine d'oliva, peperoncino rosso, sale, pepe.

Preferite pomodori piccoli e poco acquosi, tagliateli a metà dopo averli puliti e metteteli a seccare su un gratic-

125

PUNTARELLE

◀ *Lazio* ▶

Puntarelle (germogli di catalogna), 1 limone, 1-2 spicchi d'aglio, 2-3 filetti d'acciuga sottosale, olio extravergine d'oliva.

Mondate i cespi di catalogna eliminando le foglie esterne più dure (che potrete utilizzare per la minestra); tagliate quelle più tenere a pezzi.

Raschiate anche le radici senza eliminarle, tagliate i cespi in quattro spicchi e tuffateli in acqua fredda acidulata con il succo del limone.

Preparate intanto una salsina tritando l'aglio con le acciughe (pulite da sale e lische) e diluendo il tutto con olio.

Scolate la verdura e disponetela in un'insalatiera sulle cui pareti avrete strofinato un po' d'aglio, condite con la salsina e servite.

TORTINO ALLE VERDURE

◀ Marche ▶

700 g di patate, 1 cipolla, 3 grossi peperoni (2 gialli e 1 rosso), 400 g di pomodori maturi, origano, olio extravergine d'oliva, sale, pepe.

Pulite, lavate e tagliate a fette tutte le verdure tenendole separate. In una teglia unta d'olio disponetele a strati alternando i sapori e condite ogni strato con olio, sale, pepe e origano. Fate cuocere in forno caldo per circa un'ora, poi sfornate e attendete qualche minuto prima di servire.

ZUCCHINE IMBOTTITE

◀ Marche ▶

8 zucchine di media grandezza, 300 g di manzo tritato, 1 uovo, 1 cipolla, 1 gambo di sedano, 1 carota, prezzemolo, noce moscata, parmigiano grattugiato, burro, sale, pepe in grani.

Mondate e svuotate internamente le zucchine.

Fate sciogliere una noce di burro e mettete a soffriggere un trito di cipolla, sedano e carota. Aggiungete la carne finemente tritata, salate e fate cuocere per 15 minuti. Lasciate raffreddare e amalgamatevi poi l'uovo, il parmigiano grattugiato, il prezzemolo tritato, un pizzico di noce moscata, sale e pepe macinato al momento. Farcite le zucchine con questo impasto e mettetele in padella con poco burro e mezzo bicchiere d'acqua, facendole cuocere per circa 40 minuti; quindi servite.

ZUCCHINE IN CAPECE

◀ Campania ▶

1 kg di zucchine, 4 spicchi di aglio, 1 mazzetto aromatico (origano, menta, alloro), 1 bicchiere di aceto, 1 bicchiere di olio, sale, peperoncino rosso in polvere.

Mondate e lavate le zucchine, quindi affettatele a rondelle spesse pochi millimetri. Portate a bollore l'aceto con il mazzetto aromatico e un po' di sale, lasciando che il liquido si riduca di circa un terzo.

Fate scaldare l'olio in un tegame e friggete le zucchine poche per volta; scolatele e disponetele a strati in un contenitore di vetro o ceramica, condendole con l'aglio a fettine, sale, peperoncino e l'aceto aromatico. Al termine, coprite il contenitore con pellicola trasparente e lasciate riposare per 4-5 ore in luogo fresco.

Dolci e liquori

BABÀ AL RUM

◀ *Sicilia* ▶

<u>Per la pasta</u>: 300 g di farina, 100 g di burro, 5 uova, 1 limone, 1 tazzina di latte tiepido, 1 cucchiaio di zucchero, 25 g di lievito di birra, sale.
<u>Per bagnare</u>: 300 g di zucchero, 1 bicchiere di rum, marmellata di albicocche, 1 limone.

Preparate l'impasto per i babà lavorando in una terrina il burro, fatto ammorbidire e tagliato a pezzettini, con le uova e lo zucchero; unite poi, poca per volta, la farina mischiata a un pizzico di sale e, in ultimo, la scorza grattugiata del limone e il lievito fatto sciogliere nel latte tiepido. Lavorate con cura e quando avrete ottenuto un impasto che si staccherà facilmente dalle pareti della terrina coprite e fate riposare per un'ora in ambiente tiepido. Dopo questo tempo lavorate ancora l'impasto per qualche minuto, quindi suddividetelo negli appositi stampini per babà precedentemente unti e infarinati; copriteli con un canovaccio e fate lievitare finché non avranno raddoppiato il volume. Fate poi cuocere in forno caldo per circa mezzora.
Intanto preparate la mistura per inzuppare i babà: fate sciogliere lo zucchero sul fuoco con 5 dl d'acqua e una scorzetta di limone fino a ottenere uno sciroppo; togliete dal fuoco e unite il rum. Con questo liquido bagnate abbondantemente i babà ancora caldi; in ultimo spennellate la superficie dei dolci con la marmellata di albicocche che avrete prima scaldato brevemente allungandola con pochissima acqua.

BECCUTE

◀ *Marche* ▶

600 g di farina, 100 g di pinoli, 100 g di gherigli di noce, 80 g di mandorle spellate, 100 g d'uva passa, 100 g di fichi secchi, 100 g di zucchero, olio extravergine d'oliva, sale.

Mettete ad ammorbidire in acqua tiepida i fichi secchi e, separatamente, l'uva passa; tritate grossolanamente le noci e le mandorle. In una capiente terrina mescolate la farina con 4 cucchiai d'olio, lo zucchero, un pizzico di sale, i fichi secchi scolati e tagliati a pezzetti, l'uva passa ben strizzata, i pinoli, le noci e le mandorle. Unite ora, un po' per volta, dell'acqua calda fino a ottenere un composto morbido e omogeneo. Dividete la pasta in piccole porzioni cui darete la forma di pagnottine, ungete con un filo d'olio una teglia da forno e allineatevi le *beccute*. Infornate a media temperatura per mezzora.

BONET

◀ *Valle d'Aosta, Piemonte* ▶

8 uova, 1 l di latte, 3 cucchiai di cacao, 7 amaretti, 250 g di zucchero, 1 cucchiaio di marsala, 1 limone.

In una ciotola battete i tuorli delle uova con otto cucchiai di zucchero. Unite il cacao, gli albumi montati a neve ferma e la scorza del limone alla quale avrete mescolato gli amaretti polverizzati e il marsala. Versate lo zucchero rimasto in uno stampo da budino con buco al centro, fatelo caramellare e riempite poi lo stampo con il composto d'uova. Fate cuocere il budino a bagnomaria nel forno per circa 3 ore mantenendo una temperatura minima. Il bollore dell'acqua del bagnomaria dovrà essere minimo: il budino sarà pronto quando, introducendo uno stecchino, ne uscirà completamente asciutto. Lasciate intiepidire, poi passate il dolce in frigorifero per almeno 4 ore prima di sformarlo e servirlo.

Caffè alla Valdostana

◁ *Valle d'Aosta, Piemonte* ▷

1 moca da 4 persone di caffè, 2 bicchierini di grappa, 1/2 bicchiere di vino rosso corposo, scorza di limone, zucchero.

Preparate il caffè e aggiungetevi tutti gli altri ingredienti, scaldate bene il tutto in un pentolino e servitelo bollentissimo nella tipica *grolla* della Val d'Aosta, a più bocche. Avvicinate a ogni bocca un fiammifero acceso in modo che si sprigioni una fiamma azzurrognola; spegnete e bevete.
In mancanza della *grolla*, dopo aver versato gli ingredienti nel pentolino, mettetelo su un fornelletto acceso al centro della tavola e fate scaldare mantenendo mescolato. Quando il tutto sarà bollente, avvicinate un fiammifero alla bevanda così che la superficie prenda fuoco; con un mestolino prelevate un po' di caffè e dall'alto fatelo poi cadere nuovamente nel contenitore, in modo che scendendo venga avvolto dalle fiamme. Servite in tazze calde con l'orlo zuccherato.

Cannoli

◁ *Sicilia* ▷

250 g di ricotta, 200 g di farina, 150 g di zucchero a velo, 50 g di arancia e cedro canditi, 30 g di cioccolato fondente, 20 g di burro, 1 cucchiaio di zucchero, 1 cucchiaino di cacao amaro, 1 cucchiaino di caffè in polvere, vino bianco secco, 1 uovo, olio d'oliva, sale.

129

Per preparare i cannoli siciliani si usano degli appositi cilindretti metallici (si acquistano nei negozi di casalinghi) intorno ai quali viene avvolta la pasta.
Sul piano di lavoro disponete a fontana 150 g di farina mischiata al cacao amaro, al caffè, allo zucchero e a un pizzico di sale; in un incavo centrale mettete il burro fatto ammorbidire e tagliato a pezzetti e impastate il tutto aiutandovi con tanto vino bianco quanto sarà necessario a ottenere una consistenza morbida ed elastica. Avvolgete la pasta in un canovaccio e fatela riposare per circa un'ora in ambiente fresco e buio.
Nel frattempo preparate il ripieno mescolando la ricotta insieme con lo zucchero, i canditi tagliati a piccoli pezzetti e il cioccolato grattugiato con un coltello; amalgamate con cura e mettete a riposare in frigorifero.
Tirate con un matterello la pasta a uno

spessore di pochi millimetri, ricavate dei dischetti di circa 10 cm di diametro che, aiutandovi con le dita, renderete più ovali che rotondi. Avvolgete ciascun disco di pasta su un cilindro metallico unto d'olio, premendo dove la pasta combacia ed eventualmente sigillando meglio con un po' di albume. Fate scaldare dell'olio in una pentola dai bordi alti e fate dorare uniformemente i cannoli. Scolateli e poneteli ad asciugare su carta assorbente da cucina; dopo qualche minuto potrete sfilare il cilindretto e ripetere l'operazione con altri dischi di pasta fino al loro esaurimento. Quando tutti i cannoli saranno cotti e raffreddati farciteli con la crema di ricotta e serviteli spolverizzandoli con un po' di zucchero a velo.

CANTUCCINI

◀ *Toscana* ▶ 📷

300 g di farina, 200 g di zucchero, 100 g di mandorle dolci, 3 uova, 1 cucchiaino di scorza d'arancia grattugiata, 1 cucchiaino di semi d'anice, 3 g di bicarbonato, burro, sale.

Preparate sulla spianatoia la farina a fontana, setacciandola insieme al bicarbonato. Unite progressivamente lo zucchero, un pizzico di sale, la scorza d'arancia (senza la parte bianca), i semi di anice e le mandorle con la buccia. Rompete due uova e impastate con cura, aggiungendo un po' di latte se il composto è troppo asciutto.
Modellate tre filoncini grossi come due

dita, disponeteli sulla teglia del forno e spennellateli con il tuorlo dell'uovo che avete tenuto da parte. Infornateli per un quarto d'ora a 190 °C, quindi tagliateli in obliquo, ottenendo la classica forma dei cantuccini, e ripassateli in forno per 5 minuti.

CASSATA SICILIANA

◀ *Sicilia* ▶

<u>Per il pan di Spagna</u>: 150 g di farina, 150 g di zucchero, 25 g di burro, 5 uova, sale.
<u>Per il ripieno e per guarnire</u>: 500 g di ricotta, 300 g di frutta candita mista, 250 g di zucchero, 200 g di marmellata di albicocche, 100 g di cioccolato fondente, 2 cucchiai di pistacchi sgusciati, 1 bicchierino di maraschino, 1 bicchierino d'acqua di fiori di arancio, 1 baccello di vaniglia.

Preparate il pan di Spagna: sciogliete lo zucchero lavorandolo a lungo con i tuorli d'uovo fino a ottenere una crema soffice, poi aggiungete a poco a poco la farina e continuate a mescolare per circa 15 minuti. A questo punto amalgamate all'impasto anche il burro fatto sciogliere a bagnomaria e il sale. Montate gli albumi a neve soda e, cucchiaio dopo cucchiaio, incorporateli all'impasto che verserete poi in uno stampo (tradizionalmente rettangolare) e farete cuocere in forno caldo per mezzora, fin quando non si staccherà

facilmente dalle pareti dello stampo; una volta che si sarà raffreddato tagliatelo a fette spesse circa 1 cm e con esse foderate uno stampo rettangolare o rotondo, nel quale avrete prima steso della carta oleata. Spennellate l'interno del pan di Spagna con la marmellata sciolta sul fuoco con l'acqua di fiori di arancio.

Fate sciogliere sul fuoco lo zucchero con mezzo bicchiere d'acqua e la vaniglia; quando avrà preso la consistenza di uno sciroppo, lasciate intiepidire, togliete la vaniglia e amalgamate alla ricotta lavorando a lungo con il cucchiaio di legno, in modo da ottenere una crema senza grumi. Amalgamate alla crema anche la frutta candita tagliata a dadini, il cioccolato tagliato a pezzettini, i pistacchi spellati (tuffateli in acqua bollente e asciugateli bene) e il maraschino. Versate il composto di ricotta nello stampo e battete quest'ultimo sul piano di lavoro in modo che non rimangano vuoti d'aria all'interno del dolce.

Mettete in frigorifero a raffreddare per almeno un paio di ore. Sformate il dolce con molta delicatezza e ricopritelo con la glassa preparata con la marmellata di albicocche e l'acqua di fiori di arancio. Rimettete in frigorifero a raffreddare prima di servire.

CASTAGNACCIO

◀ *Toscana* ▶ 📷

300 g di farina di castagne, 50 g di uva passa, 30 g di pinoli, olio extravergine d'oliva, sale.

Mettete ad ammorbidire l'uva passa in acqua tiepida; nel frattempo amalgamate la farina di castagne con l'acqua, cercando di ottenere un composto morbido e denso. Unite i pinoli, l'uva passa strizzata e un pizzico di sale; mescolate bene, incorporando qualche cucchiaio d'olio extravergine d'oliva. Preparate una teglia leggermente unta d'olio e spolverata di pangrattato, versatevi il composto e infornate a media temperatura per circa 40 minuti. Il castagnaccio sarà pronto quando in superficie si formerà una crosticina scura tendente a screpolarsi.

Alla ricetta tradizionale si possono aggiungere altri ingredienti come una mela tagliata a dadini, semi di finocchio, farina di carrube, rosmarino ecc.

CELLUCCI

◀ *Abruzzo, Molise* ▶

Circa 600 g di farina, 250 g di zucchero, 250 g di mostarda d'uva, 5 uova, 1 stecca di vaniglia, 1 limone, 2 bustine di lievito, 1/2 bicchiere scarso di latte, 1/4 di l d'olio extravergine d'oliva.

In una terrina lavorate energicamente con una frusta lo zucchero, le uova e l'olio in modo che il composto risulti soffice e omogeneo. Scaldate il latte con 2-3 scorzette di limone e la stecca di vaniglia, quindi lasciate raffreddare e filtrate; in una tazza sciogliete il

lievito nel latte a temperatura ambiente e incorporatelo man mano al composto di zucchero e uova. Senza smettere di mescolare unite la farina, un cucchiaio alla volta; badate di amalgamare perfettamente gli ingredienti fino a ottenere un composto sodo ma facilmente lavorabile.

Suddividete l'impasto in pezzetti grandi quanto un mandarino e con il matterello infarinato spianate ciascuno dandogli una forma a "sogliola" con uno spessore di circa mezzo centimetro. Al centro di ciascuna sfoglia distribuite una cucchiaiata di mostarda, quindi arrotolate la pasta su se stessa e ponete ciascun dolce in una teglia unta d'olio dandogli la forma di un *celluccio* cioè di un uccellino (tra un dolcetto e l'altro lasciate lo spazio necessario alla lievitazione); passate a cuocere in forno a calore moderato. Sfornate i dolcetti quando saranno ben dorati, inumidite la superficie con un pennello bagnato nell'acqua e distribuite sopra un po' di zucchero semolato.

CHIFFERI MANDORLATI

◀ *Liguria* ▶ 📷

250 g di mandorle dolci, 200 g di zucchero a velo, 3 uova, 2 cucchiai di distillato di fiori d'arancio.

Immergete le mandorle in acqua bollente per un minuto, spellatele, passatele in forno per 10 minuti. Tagliatene una decina a fettine sottili e tenetele da parte. Lasciate raffreddare le altre e tritatele. In un mortaio pestate le mandorle con lo zucchero fino a ottenere una farina. Lavoratela con le uova e il distillato per ottenere una pasta di consistenza simile a un purè sodo.

Riempite con l'impasto una tasca da pasticciere, premetela per farne uscire piccoli quantitativi di pasta che distribuirete, dandole la forma di mezze lune, in una teglia da forno unta d'olio. Su ciascuna mezzaluna disponete le fette sottili di mandorle e fate poi cuocere in forno caldo, facendo attenzione a non bruciare le mandorle.

CIAMBELLA BOLOGNESE

◀ *Emilia Romagna* ▶

400 g di farina, 150 g di zucchero, 100 g di latte, 80 g di burro, 3 uova, 20 g di lievito per dolci, zucchero in grani, sale.

Mischiate la farina allo zucchero, al lievito e a un pizzico di sale, poi disponetela a fontana sul piano di lavoro; in un incavo centrale mettete il burro, precedentemente ammorbidito e a pezzetti, e due uova. Senza manipolare eccessivamente, impastate gli ingredienti fino a ottenere una pasta morbida che disporrete a mo' di ciambella sulla piastra del forno imburrata e infarinata. Fate qualche incisione sulla superficie della ciambella, spennellatela con un tuorlo d'uovo e cospargetela di zucchero in grani. Fate cuocere in forno moderatamente caldo per circa mezzora, finché cioè la superficie non sarà dorata.

Tra le numerose varianti di questa nota ricetta segnaliamo quella che prevede l'aggiunta di un cucchiaino di grappa all'impasto.

CICERCHIATA

◀ Puglia ▶

500 g di farina, 500 g di miele, 4 uova, 200 g d'olio extravergine d'oliva, mandorle, cannella in polvere, zucchero, scaglie di cioccolato, olio d'oliva, sale.

Preparate un impasto amalgamando la farina, le uova, l'olio, 4 cucchiai di zucchero e un pizzico di sale in modo da ottenere un impasto morbido: è necessario che la farina assorba in maniera omogenea l'olio. Dividete la pasta a pezzi e lavoratela in modo da formare dei lunghi cilindri che suddividerete in pezzetti della lunghezza di 1 cm circa, che modellerete a mo' di gnocchi facendoli scorrere – spinti da un dito – rapidamente sul retro di una grattugia. Poneteli a friggere in olio bollente per il tempo sufficiente a farli dorare, mentre a parte cuocerete, in un pentolino, il miele che dovrà assumere un bel colore ambrato. Versate nel miele i pezzetti fritti e quando ne saranno bene ricoperti, ponete il tutto sopra un grande piatto disponendo i dolcetti a forma di ciambella. Decorate con pezzetti di mandorle tostate, cioccolato in scaglie, polvere di cannella e zucchero.

FRUSTINGOLO

◀ Marche ▶

200 g abbondanti di farina, 1 kg di fichi secchi, 400 g d'uva passa, 1 kg di noci, 500 g di mandorle, 100 g di cioccolato fondente, 200 g di zucchero, 1 bicchiere d'olio extravergine d'oliva.

Ammorbidite in un po' d'acqua tiepida i fichi secchi e l'uva passai; sgusciate le noci e le mandorle. In una terrina amalgamate tra loro gli ingredienti (uniteli uno alla volta), avendo cura di tagliare a pezzetti il cioccolato, i fichi, le noci e le mandorle. Amalgamate con cura, quindi ungete una teglia e disponete l'impasto. Fate cuocere in forno a 180 °C per circa un'ora.

GALÀNI

◀ Veneto ▶ 📷

300 g di farina, 2 uova, 2 arance, 50 g di burro, zucchero a velo, olio d'oliva, sale.

Amalgamate con cura le uova con la farina e il succo delle due arance, aggiungendo il burro precedentemente sciolto a bagnomaria e un pizzico di sale. Stendete l'impasto a sfoglia che ritaglierete a quadri o a rombi piuttosto grandi (4x10 cm) e metteteli a friggere il olio bollente finché saranno dorati. Scolate i galàni e lasciateli asciugare su carta assorbente da cucina. Prima di servire spolverizzateli con zucchero a velo.

GRAPPA AI MIRTILLI

◀ Trentino Alto-Adige ▶

1 kg di mirtilli neri, 1 l di grappa, 2 kg di zucchero.

Mescolate tra loro gli ingredienti, pestando con cura i mirtilli, quindi pone-

teli in un recipiente di vetro. Esponete il contenitore al sole per 40 giorni; scuotendo spesso il contenuto. Al termine, filtrate. Servite la grappa preferibilmente fredda.

GUBANA

◄ *Friuli Venezia-Giulia* ►

<u>Per la pasta</u>: 600 g di farina, 450 g di zucchero, 100 g di latte intero, 90 g di burro, 4 uova, 1 limone, 1 bicchierino di rum, lievito di birra, sale.
<u>Per il ripieno</u>: 250 g di noci sgusciate, 250 g di mandorle sgusciate e spellate, 250 g di uva sultanina, 150 g di pinoli, 100 g di zucchero, 300 g di cacao, 1 bicchierino di rum, 1 bicchierino di grappa, noce moscata, 1/2 cucchiaino di cannella in polvere, burro.
<u>Per completare</u>: 1 uovo, zucchero.

Preparate una pastella lievitante sciogliendo il lievito nel latte tiepido e amalgamando 3 cucchiai di farina. Lasciate lievitare in luogo tiepido e buio, quindi unite alla pasta il burro prima sciolto a bagnomaria; amalgamate al tutto lo zucchero, una presa di sale, la scorza del limone grattugiata, il resto della farina, 2 tuorli e 1 albume montato a neve ben soda. Manipolate a lungo aiutandovi con ancora un po' di latte o poca acqua se l'impasto risultasse troppo sodo; lasciate poi lievitare in luogo buio e caldo.
Nel frattempo dedicatevi alla preparazione del ripieno: tritate molto finemente noci, mandorle e pinoli; tritate anche l'uvetta che avrete prima lavato e fatto rinvenire in poca grappa; scaldate la cannella in un tegamino con poco burro. In una terrina amalgamate tutti questi ingredienti con il cacao, lo zucchero, il rum, la grappa e un pizzico di noce moscata.
Riprendete a manipolare la pasta unen-

do i 2 tuorli che restano e il bicchierino di rum; impastate con cura così che composto risulti omogeneo. Infarinate un canovaccio e con il matterello stendete una sfoglia di pochi millimetri di spessore. Sulla pasta distribuite il ripieno e qualche fiocchetto di burro; aiutandovi con il tovagliolo arrotolate la sfoglia ripiena e disponetela sulla placca del forno (sulla quale, eventualmente, potrete predisporre della carta da forno) dandogli la caratteristica forma a "chiocciola" della gubana. Coprite con un canovaccio e lasciate lievitare per qualche tempo in luogo caldo. Al termine, pennellate la superficie del dolce con un tuorlo d'uovo sbattuto e fate cuocere in forno già caldo (180 °C) per 40 minuti circa. Servite dopo aver spolverato di zucchero.

LIMONCELLO

◄ *Campania* ►

400 g di zucchero, 5 dl d'alcol a 95°, 1 limone (succo e 6 scorze), 16 foglie di limone.

Ponete le foglie e le scorze di limone a macerare nell'alcol per 15 giorni in un vaso ermeticamente chiuso tenuto in ambiente buio; agitate di tanto in tanto. Trascorso il tempo indicato, unite 5 dl d'acqua mescolata al succo del limone e allo zucchero e lasciate ripo-

sare il tutto per un giorno. Filtrate accuratamente, imbottigliate e lasciate riposare per un mese.

MARITOZZI

◀ Lazio ▶

250 g di farina, zucchero, 50 g di uva passa, 30 g di pinoli, 30 g di arancio e cedro canditi, 25 g di lievito di birra, 2 cucchiai di olio di oliva, sale.

Impastate il lievito diluito in acqua tiepida con la poca farina necessaria a ottenere un panetto consistente; praticate un taglio a croce sulla superficie della pasta e, dopo averlo posto in un contenitore e coperto con un canovaccio, lasciate lievitare per 3 ore in luogo buio.
Aiutandovi con l'olio e un po' di acqua impastate la pasta lievitante con il resto della farina, 2 cucchiai di zucchero e una presa di sale, unendo anche i pinoli, l'uvetta lasciata prima ammorbidire in acqua tiepida e strizzata, i canditi grossolanamente tritati; al termine l'impasto dovrà risultare ben amalgamato ma morbido.
Suddividete la pasta in piccoli panetti di forma ovale che disporrete sulla piastra del forno unta d'olio, avendo cura di mantenere tra uno e l'altro la distanza necessaria alla lievitazione; coprite con un canovaccio e lasciate lievitare in ambiente caldo per almeno 4 ore.
Preriscaldate il forno a 180-200 °C e infornate i *maritozzi* sino a che non assumeranno un uniforme colore dorato. Attenzione: al termine della cottura i dolci devono risultare morbidi e privi di crosta.

MIRTO

◀ Sardegna ▶

600 g di bacche di mirto ben mature, 1 l d'alcol a 90°, 2 l d'acqua, 500 g di zucchero o 600 g di miele.

Pulite le bacche con uno strofinaccio ruvido; collocatele in un recipiente di vetro scuro nel quale è stato già versato l'alcol e lasciatele in infusione per 15 giorni. Trascorso questo periodo colate, filtrate e premete con le mani le bacche macerate ancora ricche d'aromi. Aggiungete lo sciroppo a freddo composto da 2 l d'acqua e zucchero (o miele) e travasate in bottiglie scure.

NEPITELLE

◀ Calabria ▶

350 g di farina, 3 uova, 100 g di ricotta, 100 g d'uva passa, 50 g di strutto, 30 g di zucchero, 30 g di zucchero a velo, 1/2 limone, 1/2 arancia, 1 cucchiaio di brandy, sale.

In una terrina sbriciolate la ricotta con una forchetta, quindi lavoratela (meglio utilizzare ora un cucchiaio di legno) con un cucchiaio di zucchero. Quando avrete ottenuto una crema, unite l'uva passa tritata, le scorze grattugiate del limone e dell'arancia e il brandy; mescolate amalgamando bene gli ingredienti.

Versate a fontana la farina sul tavolo e nel centro con una forchetta sbattete 2 uova con lo zucchero rimasto. Passate poi a impastare con le dita, mescolando progressivamente la farina alle uova, e poi lavorate con le mani per circa mezzora. Stendete la pasta con il matterello formando due sfoglie sottili; spalmatele con un uovo sbattuto insieme con un cucchiaino d'acqua. Su una sfoglia distribuite tanti mucchietti di ripieno a 3 cm l'uno dall'altro; sovrapponete la seconda sfoglia e premete negli spazi vuoti con la punta delle dita, così da unirla alla prima sfoglia. Con il tagliapasta a rotellina ricavate dei quadrati, allineateli sulla piastra del forno e cospargeteli di strutto.

Mettete in forno caldo e cuocete per circa 40 minuti a calore moderato (200 °C). Togliete le *nepitelle* dal forno quando sono dorate e spolveratele di zucchero a velo.

NOCINO DI SAN GIOVANNI

◀ *Emilia Romagna* ▶ 📷

500 g di zucchero, 350 g di alcol a 95°, 19 noci verdi piuttosto piccole, 4 chiodi di garofano, 2 g di cannella, 3 scorze di limone.

Il giorno di san Giovanni (24 giugno) raccogliete e chiudete in un vaso le noci tagliate in quattro spicchi con l'alcol. Il giorno successivo aggiungete le altre spezie e lasciate in macerazione fino al 3 agosto, agitando tre volte al giorno. Filtrate e unite lo zucchero, che avrete preparato a parte sciogliendolo in 300 g d'acqua calda, non bollente.

Lasciate raffreddare, imbottigliate e

aspettate almeno 3 mesi prima di consumare il liquore.

Questa preparazione presenta diverse varianti che prevedono piccole aggiunte di particolari spezie (macis, petali di rosa…).

PANDORO

◀ *Veneto* ▶

500 g di farina, 200 g di zucchero, 200 g di burro, 40 g di lievito di birra, 5 uova, vanillina.

La ricetta del celeberrimo pandoro veronese è ben protetta dagli industriali del mitico dolce. Noi forniamo questa che, pur senza pretese, vi aiuterà a confezionare un pandoro casalingo per niente disprezzabile.

In una grossa terrina lavorate il lievito, 90 g di farina, un tuorlo d'uovo e 10 g di zucchero; ricoprite con una tela pulita e lasciate riposare in un luogo tiepido per 3-4 ore. Impastate quindi 150 g di farina con 30 g di burro fuso a bagnomaria, 70 g di zucchero e 2 tuorli d'uovo. Aggiungetevi il composto preparato in precedenza e dopo averlo perfettamente amalgamato con una lunga lavorazione manuale, lasciate riposare la pasta per un paio d'ore. Ora mettete nell'impasto il resto della farina, 50 g di zucchero, 30 g di burro fuso a bagnomaria, 2 uova intere e lavorate l'impasto con energia, lasciando riposare per altre 2 ore. Trascorso questo ulteriore periodo di riposo, manipolate nuovamente la pasta unendo un pizzico di vanillina, quindi tiratela a sfoglia aggiungendo il resto del burro al centro. Chiudete quindi la sfoglia rivoltandone i lembi fino a formare un pacchetto, tirate una sfoglia grossolana, ripetendo l'operazione un paio di volte. Fate riposare ancora una mezzora e

ripetete nuovamente l'operazione. Finalmente disponete l'impasto a forma di palla in uno stampo imburrato spolverato di zucchero e fatelo lievitare in un luogo tiepido. Allorché la pasta avrà raggiunto l'orlo dello stampo, infornate a temperatura media, lasciando cuocere per tre quarti d'ora, abbassando la fiamma dopo un quarto d'ora dall'introduzione in forno.

PANETTONE

◀ *Lombardia* ▶ 📷

700 g di farina, 250 g di zucchero, 225 g di burro, 200 g di uva passa, 70 g di scorze di cedro e di arancia candite, 6 uova, 2 limoni, 20 g di lievito di birra, 10 g di sale, mandorle per decorare.

Preparate la pasta lievitante facendo sciogliere il lievito in qualche cucchiaio d'acqua tiepida, unite 100 g di farina e l'acqua necessaria a ottenere un panetto consistente. Praticate sulla superficie un'incisione a croce e fatelo riposare per circa mezzora in un recipiente ben coperto e tenuto in ambiente caldo.

In una zuppiera ponete metà della farina rimasta e impastatela alla pasta lievitata con tanta acqua necessaria a ottenere la stessa consistenza precedente; rimettete il tutto a riposare nella zuppiera infarinata e ben coperta in ambiente caldo fin quando non avrà raddoppiato il volume. Riprendete allora l'impasto e, lavorandolo in una zuppiera capiente, amalgamatevi la farina rimasta, il burro fatto sciogliere a bagnomaria, lo zucchero fatto sciogliere me-

scolandolo accuratamente ai tuorli d'uovo, un pizzico di sale e la scorza dei limoni grattugiata; se fosse necessaria unite un po' d'acqua tiepida in modo da ottenere un impasto soffice e lucido. Mescolate con cura e poi aggiungete anche i canditi tagliati a dadolini e l'uva passa precedentemente fatta rinvenire in acqua tiepida, asciugata e infarinata. Rivestite uno stampo apposito (comunque tondo con i bordi alti) di carta oleata che ungerete con olio o burro; disponetevi l'impasto, praticate sopra un taglio a croce e decorate con alcune mandorle spellate che premerete in modo che penetrino leggermente nella pasta. Infornate a 200 °C per circa 10 minuti, poi abbassate la temperatura a 170 °C e proseguite la cottura per altri 30-40 minuti.

PANNA COTTA

◀ *Valle d'Aosta, Piemonte* ▶

500 g di panna, 200 g di zucchero a velo, 100 g di zucchero, 50 g di latte, 2,5 fogli di colla di pesce, 1/2 baccello di vaniglia.

Mettete al fuoco la panna con la vaniglia e con lo zucchero a velo (basterà passare del normale zucchero nel mixer elettrico); mescolate sinché quest'ultimo non si sarà sciolto avendo cura che il composto non arrivi all'ebollizione. Con due cucchiai di latte fate sciogliere i fogli di colla di pesce e poi uniteli alla panna che nel frattempo

avrete tolto dal fuoco. Distribuite lo zucchero negli stampini (o nello stampo se darete al dolce una forma unica) e fatelo caramellare, quindi versateci sopra la panna. Lasciate raffreddare in frigorifero per qualche ora poi servite sformandola dagli stampini. Volendo potete anche non utilizzare lo zucchero caramellato; in questo caso servitela accompagnato da una crema di lamponi.

PANPEPATO

◄ *Umbria* ►

350 g di farina, 250 g di miele, 125 g di mandorle, 125 g di zucchero, 2 uova, 1 limone piccolo, 6 dl d'olio, 1/2 bustina di lievito, pimento, 1 chiodo di garofano, sale, pepe.

Fate sciogliere in una casseruola il miele con lo zucchero e l'olio mescolando con cura. Mischiate la farina con il lievito e un presa di pepe, il chiodo di garofano polverizzato, due prese di pimento (spezia piccante, affine al pepe e per questo anche chiamata pepe della Giamaica) e un pizzico di sale. Impastate gli ingredienti incorporando le uova una alla volta, unite poi lo sciroppo di miele e la scorza grattugiata del limone. Fate riposare la pasta coperta con un canovaccio in un luogo buio e fresco prima di darle forma e passarla al forno per la cottura.

Il panpepato si presta alla preparazione di piccoli pasticcini o di un dolce che, dopo la cottura, potrete ricoprire con glassa allo zucchero o glassa al cioccolato.

PAPPAI BIANCU

◄ *Sardegna* ►

100 g di amido di frumento, 1 l di latte, 200 g di zucchero, 1 limone.

Una volta per la preparazione di questo dolce si usava l'amido ricavato dal grano tenuto a macero per tanti giorni, ora però lo si acquista in drogheria.

Stemperate dunque l'amido in una casseruola di coccio con un po' di latte freddo, quindi versate il latte rimasto, lo zucchero e fate cuocere a fuoco molto moderato. Mescolate con il cucchiaio di legno e, quando il latte si addensa, unite le scorzette di limone lavate e asciugate.

Riversate infine il composto in una forma da budino o in formine singole precedentemente bagnate, lasciate raffreddare e infine servite.

PAPPASINOS

◄ *Sardegna* ►

1 kg di farina bianca, 500 g di mandorle e noci sgusciate, 500 g d'uva passa, 500 g di zucchero, 400 g di strutto, 50 g di cioccolato amaro, 5 uova, 2 arance, 1 limone, semi d'anice, 1 pezzetto di cannella, 1/2 busta di vaniglia, 2 bustine di polvere lievitante, burro.

Dopo averle immerse per alcuni minuti in acqua bollente, spellate le noci; eliminate anche la pellicina delle mandorle dopo averle tostate nel forno. Tritatene una parte piuttosto grossolanamente e pestate la rimanente in un mortaio.

Lavate e lasciate in ammollo l'uva passa in un po' d'acqua e nel frattempo, in una scodella, battete le uova con lo zucchero per una quindicina di minuti, in modo da renderle spumose. Unitevi quindi le noci e le mandorle tritate, i semi d'anice e la cannella sminuzzati, l'uva passa scolata e asciugata.

Sciogliete lo strutto a bagnomaria, fatelo poi raffreddare e quindi versatelo nell'impasto precedentemente preparato, mescolando molto bene così che si amalgami; aggiungete la vaniglia, la buccia grattugiata delle arance e del limone e il cioccolato precedentemente sciolto su fuoco moderato. Versate quindi molto lentamente la farina nell'impasto, aggiungetevi anche la polvere lievitante e mescolate sinché la pasta risulti adeguatamente omogenea, servendovi del cucchiaio di legno.

Spolverate infine la spianatoia con un po' di farina e lavorate ancora l'impasto con le mani, poi stendete con il matterello una sfoglia alta circa 1 cm e ricavatene tanti piccoli rombi. Imburrate un tegame, spolveratelo di farina, adagiatevi i *papassinos* e da ultimo infornate. Lasciate cuocere a calore molto moderato per circa 20 minuti, poi sfornate.

PASTIERA NAPOLETANA

◀ *Campania* ▶

<u>Per la pasta</u>: 200 g di farina di frumento, 100 g di zucchero, 100 g di burro, 2 uova, sale.

<u>Per il ripieno</u>: 500 g di ricotta, 200 g di zucchero, 200 g di frumento precotto o fatto ammorbidire per qualche giorno in acqua, 50 g di zucchero a velo, 40 g di cedro candito, 40 g di arancia candita, 30 g di burro, 5 uova, 2 dl di latte, 1 limone, cannella, sale.

Preparate la pasta frolla disponendo sul piano di lavoro la farina a fontana mescolata allo zucchero; nel centro mettete il burro ammorbidito a pezzetti, un uovo intero, un altro tuorlo e un pizzico di sale. Impastate velocemente fino a quando l'impasto non risulti morbido e omogeneo, quindi lasciate riposare la pasta coperta da un tovagliolo per una mezzora in luogo fresco.

In una casseruola mescolando fate cuocere per una decina di minuti il fru-

mento con il latte, la scorza grattugiata di mezzo limone e il burro. Amalgamate alla ricotta lo zucchero, la scorza grattugiata del rimanente mezzo limone, un pizzico di cannella e uno di sale; lavoratela a lungo fino a ottenere una crema, cui aggiungerete la frutta candita tritata non troppo finemente. A questo punto unite i tuorli di 4 uova, la crema di frumento e in ultimo 3 albumi montati a neve. Stendete due terzi della pasta frolla a uno spessore di circa mezzo centimetro e foderate una tortiera unta e infarinata; versate l'impasto, abbassate i bordi verso l'interno e, con la pasta lasciata da parte, formate delle listerelle dello spessore di circa mezzo centimetro che disporrete sulla torta a mo' di grata e che spennellerete con l'ultimo uovo rimasto sbattuto. Fate cuocere in forno moderatamente caldo per circa un'ora; servite spolverando con zucchero a velo.

PIZZELLE

◀ *Abruzzo, Molise* ▶

600 g di farina, 250 g di zucchero, 5 uova, 1 stecca di vaniglia, 1 limone, 1 bustina di lievito, 1/2 bicchiere di latte, 1/4 di l d'olio extravergine d'oliva.

Per la cottura di questo dolce tradizionale abruzzese è necessario utilizzare un apposito attrezzo in ferro che attualmente si scalda mediante collegamento elettrico mentre in passato veniva posto sulle braci del camino.

In una terrina lavorate energicamente con una frusta lo zucchero, le uova e l'olio fino a ottenere un composto soffice e omogeneo. Scaldate il latte con 2-3 scorzette di limone e la stecca di vaniglia, quindi lasciate raffreddare e filtrate; in una tazza sciogliete il lievito nel latte a temperatura ambiente e incorporatelo man mano al composto di zucchero e uova. Senza smettere di mescolare unite la farina un cucchiaio alla volta; badate di amalgamare perfettamente gli ingredienti e che il composto a fine lavorazione risulti morbido. Scaldate il ferro elettrico per la cottura e ungetene le parti (allo scopo veniva tradizionalmente usata una cotica di maiale); ponete un cucchiaio di impasto sul ferro, chiudete le placche e fate dorare le *pizzelle*.

RICCIARELLI

◄ *Toscana* ►

250 g di zucchero a velo, 150 g di mandorle dolci sgusciate, 15 g di mandorle amare, 1 uovo, 20 ostie.

Private le mandorle della pellicina tuffandole in acqua bollente, poi passatele rapidamente in forno caldo per farle asciugare bene. Quando si saranno raffreddate, riducetele in polvere aiutandovi con il pestello o con un mixer; amalgamatevi quindi lo zucchero a velo (tenetene da parte un po'). Montate l'albume a neve soda e poi, delicatamente, unitevi un cucchiaio alla volta la pasta di mandorle. Quando la pasta sarà divenuta troppo soda per essere lavorata con il cucchiaio manipolatela sul piano di lavoro spolverato di zucchero a velo. Ottenuto un impasto omogeneo, stendetelo con il matterello a uno spessore di circa 1 cm e mezzo e ricavatene dei dischi della grandezza delle ostie. Sulla placca del forno disponete le ostie e sopra ciascuna ponete un disco di pasta di mandorle, coprite con un canovaccio e fate riposare per un'oretta in luogo fresco. Cuocete poi in forno moderatamente caldo

(i dolcetti non devono scurirsi) per circa mezzora, sfornate, fate raffreddare e servite dopo aver ritagliato la parte di ostia eventualmente eccedente e spolverate con zucchero a velo.

SCORZE CANDITE

◄ *Sicilia* ►

1 kg di agrumi, 750 g di zucchero.

Procuratevi delle arance, dei limoni, dei pompelmi e, se vi è possibile, dei cedri non trattati; lavateli accuratamente, asciugateli e tagliateli a spicchi larghi 1 cm circa lasciando una parte della polpa attaccata alla buccia; fateli bollire separatamente per una quindicina di minuti in acqua e, sempre separatamente, metteteli in una larga padella assieme a un quantitativo di zucchero di un terzo inferiore al loro peso: per un chilo di frutta vi serviranno circa 750 g di zucchero. Fate caramellare la frutta a fuoco vivo, facendo attenzione che lo zucchero non bruci; togliete le scorze dal fuoco quando lo sciroppo di zucchero che le avvolge ha raggiunto una buona consistenza e un colore dorato; lasciatele raffreddare su un piano di marmo e rotolatele in uno strato di zucchero. Conservatele in un vaso a chiusura ermetica.

SBRISOLONA

◀ *Lombardia* ▶ 📷

200 g di farina di frumento, 200 g di farina di mais fine, 200 g di mandorle, 150 g di zucchero, 120 g di burro, 100 g di strutto, 2 uova, 1 limone, zucchero a velo, vanillina, sale.

Sbucciate le mandorle tuffandole in acqua bollente, quindi asciugatele e tritatele.

◆ Sul piano di lavoro disponete a fontana le farine mescolate tra loro e nel centro mettete lo zucchero, le mandorle tritate, i tuorli, la buccia grattugiata del limone, un pizzico di sale e uno di vanillina.

◆ Mescolate bene tra loro gli ingredienti, poi riformate la fontana e nel centro mettete il burro fatto ammorbidire e lo strutto e rimpastate bene il tutto. Non riuscirete a ottenere un impasto compatto, l'importante però è che i singoli ingredienti si amalgamino bene tra loro.

◆ Distribuite l'impasto in una tortiera unta e infarinata, sbriciolandolo con cura e formando uno strato uniforme; prima di infornare battete lo stampo sul piano di lavoro in modo da togliere eventuali spazi vuoti che si potrebbero formare. Fate quindi cuocere in forno caldo per circa un'ora, lasciate raffreddare e servite spolverizzando con zucchero a velo.

SEBADAS AL MIELE

◀ *Sardegna* ▶ 📷

600 g di farina, 400 g di pecorino sardo fresco, 6 uova, miele amaro, 80 g di strutto, olio per friggere.

Su una spianatoia formate una fontana con la farina; al centro mettete le uova e lo strutto e amalgamate bene fino a ottenere una pasta liscia e omogenea. Stendete la pasta in sfoglie molto sottili dalle quali ritaglierete dei dischi (8-10 cm di diametro); al centro mettete dei pezzi di pecorino fresco; ripiegate su se stessi i quadrati premendo bene ai bordi. Friggete le *sebadas* in una padella con abbondante olio e, una volta cotte, passatele su carta assorbente da cucina e servitele calde, bagnandole con un po' di miele amaro liquido.

SFOGLIATINE

◀ *Veneto* ▶

350 g di farina, 200 g di burro, 1/4 di l di latte, 20 g di lievito, 4-5 cucchiai di zucchero, 1 uovo, sale.

Lavorate la farina con lo zucchero, il latte, il lievito e un pizzico di sale. Aggiungete man mano il burro in modo che si amalgami perfettamente; tirate una sfoglia sopra un piano infarinato, lasciatela asciugare per una ventina di minuti e tagliate quindi dei piccoli rettangoli che spennellerete con il tuorlo d'uovo e con poco zucchero che avrete fatto sciroppare scaldandolo debolmente con

un po' d'acqua. Sistemate le sfogliatine sulla placca del forno imburrata e mettete in forno caldo finché non saranno dorate.

STRUDEL DI MELE

◀ *Trentino Alto-Adige* ▶

<u>Per la pasta</u>: *250 g di farina, 1 uovo, 2 cucchiai d'olio, sale.*
<u>Per il ripieno</u>: *2 kg di mele, 150 g di pangrattato, 250 g di burro, 80 g di zucchero, 50 g di uva passa, 50 g di pinoli, cannella, limone.*

Disponete la farina sul piano di lavoro e con una mano impastatela insieme con le uova, l'olio e un pizzico di sale, mentre con l'altra versate piano piano tanta acqua quanto basta a darle consistenza. Lavorate la pasta fino a renderla liscia ed elastica, formate una palla che ungerete e farete riposare per mezzora in un luogo fresco e buio.
Nel frattempo preparate le mele sbucciate, private del torsolo e tagliate a fette sottili e fate tostare il pangrattato in 150 g di burro. Stendete la pasta su un canovaccio infarinato; aiutandovi sia con il matterello che con le mani, fate in modo che la sfoglia raggiunga uno spessore sottilissimo, fate però attenzione che non si rompa. Spennellate la sfoglia con il rimanente burro fatto liquefare. Distribuite la farcitura in modo che rimanga libera una fascia finale: prima distribuite il pangrattato, su di esso uno strato di mele a fettine e cospargete il tutto con lo zucchero, uva passa fatta rinvenire in acqua tiepida e strizzata, pinoli tostati prima in un padellino, scorza grattugiata di limone e cannella. Con molta delicatezza e aiutandovi con il canovaccio arrotolate lo strudel iniziando dal lato con il ripieno, poggiatelo poi su una teglia unta e pennellatelo con il

burro fuso. Fate cuocere in forno caldo per circa mezzora e servite lo strudel ancora tiepido, cospargendo la superficie con zucchero a velo.

TARTUFI DI CASTAGNE AL CIOCCOLATO

◀ *Liguria* ▶

400 g di castagne, 75 g di zucchero, 1 tazza di latte, 1 bicchierino di liquore, 1 cucchiaio di cacao, 1 cubetto di cioccolato fondente, sale.

Sbucciate le castagne e fatele cuocere nel latte salato per 40 minuti circa; al termine scolatele e passatele al passaverdura. Amalgamate al purè di castagne lo zucchero e fate poi asciugare il composto sul fuoco.
Lasciate raffreddare e amalgamatevi il liquore e il cacao. Mescolate con cura, quindi formate tante palline grosse come una noce, rotolatele nel cioccolato grattugiato e servite.

TORCOLO

◀ *Umbria* ▶

400 g di farina, 200 g di zucchero, 150 g di pinoli, 50 g di frutta candita, 50 g di uva passa, 1 uovo, 10 g di bicarbonato, 1 pizzico di semi di anice, 60 g di burro, sale.

Tagliate a dadini la frutta candita, spezzettate l'uva passa, tostate in forno i pinoli per circa 3 minuti e pestateli nel mortaio. Versate la farina a fontana sul tavolo e nell'incavo mettete il burro ammorbidito, i pinoli, lo zucchero, il bicarbonato, i semi di anice, l'uovo e un pizzico di sale. Amalgamate tutti gli ingredienti impastando per alcuni minuti; incorporatevi la frutta candita e l'uva passa e formate una ciambella. Imburrate e infarinate leggermente la

placca del forno, disponetevi sopra il torcolo e mettete in forno caldo; cuocete a temperatura moderata (200 °C) per circa mezzora, fino a quando la superficie diventerà dorata. Lasciate raffreddare prima di servire.

TORTA DI GRANO SARACENO

◀ *Trentino Alto-Adige* ▶

250 di farina di grano saraceno, 250 g di zucchero, 250 g di mandorle sgusciate e spellate, 250 g di burro, 6 uova, 1 bustina di zucchero vanigliato, 500 g di marmellata di mirtilli rossi, zucchero a velo, sale.

Lasciate ammorbidire il burro a temperatura ambiente, tagliatelo a pezzettini e lavoratelo con 150 g di zucchero e i tuorli delle uova (uniteli uno per volta) fino a ottenere un composto soffice e omogeneo. Sempre mescolando con cura, incorporate anche la farina di grano saraceno, una presa di sale, le mandorle tritate e lo zucchero vanigliato. Montate gli albumi delle uova a neve ben ferma, unite lo zucchero rimasto e quindi incorporate anche questo composto all'impasto di farina.
Versate l'impasto in una tortiera che avrete prima unto di burro e cosparso di farina e fate cuocere in forno caldo (180 °C) per circa un'ora. Sfornate la torta e lasciatela raffreddare, quindi tagliatela a metà in senso orizzontale e farcitela con la marmellata di mirtilli; cospargete la superficie con zucchero a velo.

TORTA DI PATATE E RICOTTA

◀ *Friuli Venezia-Giulia* ▶

<u>Per la pasta</u>: 450 g di patate, 80 g di farina, 60 g di zucchero, 2 cucchiaini di lievito, 1 uovo, 1 limone, 80 g di burro.
<u>Per il ripieno</u>: 350 g di ricotta fresca, 60 g di zucchero a velo, 3 uova, 20 g di burro.

Lessate le patate, quindi sbucciatele e passatele con lo schiacciapatate; raccogliete il purè in una terrina e unite la farina, il burro fatto prima sciogliere a bagnomaria, l'uovo, il lievito e la scorza grattugiata del limone. Mescolate con cura in modo da ottenere un composto omogeneo che distribuirete in una teglia per crostate unta con un po' di burro.
Preparate ora la farcia: lavorate la ricotta con i rebbi di una forchetta, quindi unite 1 uovo intero e 2 tuorli, lo zucchero a velo e il burro sciolto a bagnomaria. Distribuite la farcia sulla pasta e fate cuocere in forno già caldo (180-200 °C) per circa mezzora.

TORTA DI RICOTTA

◀ *Campania* ▶

300 g di farina, 200 g di ricotta, 100 g di pinoli, 100 g d'uva passa, 1 uovo, 1 limone, vaniglia, 2 cucchiai di miele, 80 g di burro, 1 cucchiaio d'olio extravergine d'oliva, sale.

Con la farina, il burro, 1 cucchiaio di miele, un pizzico di sale e l'acqua necessaria preparate un impasto che lascerete poi riposare in frigorifero per circa mezzora. Nel frattempo preparate il ripieno versando in una terrina la ricotta, l'uva passa lavata e ammorbidita in acqua tiepida, 50 g di pinoli, mezzo cucchiaio di miele, un poco di vaniglia grattugia-

ta. Aggiungete circa un bicchiere d'acqua e frullate il tutto in modo da ottenere una crema abbastanza densa. Versate poi in un piatto i pinoli rimasti, l'uovo, il mezzo cucchiaio di miele rimanente, l'olio e la buccia di limone grattugiata. Mescolate molto bene e unite il composto alla crema di ricotta preparata precedentemente. Disponete la pasta in una teglia unta d'olio e infarinata lasciando dei margini rialzati sui bordi, versatevi quindi la crema di ricotta e infornate a temperatura media per un'ora circa. Servite fredda.

TORTA DI TAGLIATELLE

◀ *Emilia Romagna* ▶

<u>Per la pasta frolla</u>: 300 g di farina di frumento, 120 g di zucchero, 80 g di burro, 2 uova.
<u>Per le tagliatelle</u>: farina di frumento q.b., 1 uovo.
<u>Per il ripieno</u>: 100 g di zucchero, 100 g di burro, 120 g di mandorle dolci sgusciate, 15 g di mandorle amare sgusciate, 50 g di cioccolato in polvere, 1 bicchierino di Sassolino, il succo di 1/2 limone.
<u>Per completare</u>: 20 g di burro, 20 g di cedro candito, zucchero a velo.

153

Cominciate dedicandovi alla preparazione di una pasta frolla utilizzando gli ingredienti consigliati. Mescolate la farina allo zucchero e disponete il tutto a fontana sul piano da lavoro. Nel centro versate il burro ammorbidito e ridotto a pezzetti, i tuorli d'uovo, quindi impastate velocemente sino a quando l'impasto risulti morbido e omogeneo; dategli la forma di una palla e lasciatela riposare per circa mezzora, coperta da un tovagliolo.
Passate quindi a preparare le tagliatelle utilizzando l'uovo e la farina che serve per ottenere un impasto solido: lavoratelo abbastanza a lungo e poi stendete

una sfoglia alquanto sottile e lasciatela riposare, in modo che si asciughi un poco. Quindi arrotolatela su se stessa e tagliatela a sottilissime tagliatelline, che aprirete subito sul piano di lavoro infarinato. Preparate anche il ripieno: sbollentate le mandorle dolci, pelatele e tostatele leggermente in forno. Poi tritatele e impastatele con il burro, lo zucchero, le mandorle amare tritate, il cioccolato, il Sassolino e il succo di limone. Trascorso il tempo di riposo previsto, stendete la pasta frolla con un matterello sopra il piano di lavoro leggermente infarinato, poi trasferitela sul fondo di una tortiera, tenendo gli orli un po' alti e versatevi il ripieno, pareggiatelo e abbassate l'orlo di pasta frolla, così che ricopra leggermente il ripieno nella parte esterna. Coprite infine la superficie del dolce con le tagliatelle, irrorate con il burro fuso, coprite con una carta oleata e infornate per circa mezzora a calore moderato (180 °C). Dopo aver sfornato la torta, eliminate la carta oleata, cospargete la superficie con il cedro candito tagliato in pezzi molto piccoli e spolverate con zucchero a velo. Prima di servire la torta lasciatela riposare al fresco per un'intera giornata.

TORTELLI DI CARNEVALE

◀ *Lombardia* ▶

250 g di farina, 70 g di burro, 4 uova, 1 limone, olio d'oliva, sale, zucchero a velo.

In una pentola dai bordi alti portate a bollore 3 dl d'acqua con il burro a pezzetti, il sale e la scorza di limone grattugiata; versatevi quindi a pioggia la farina mescolando con cura con una frusta in modo che non si formino grumi. Continuate a mescolare sul fuoco fin quando la pasta non si sarà ri-dotta a una palla solida che si stacca sfrigolando dalle pareti della pentola. Spegnete e unite lo zucchero; lasciate intiepidire prima di amalgamare, una dopo l'altra, all'impasto anche le uova: continuate a mescolare finché il composto non sarà liscio e lucido.

Fate scaldare l'olio in una padella e quando sarà ben caldo versatevi l'impasto a cucchiaiate. Fate gonfiare e dorare i tortelli da entrambe le parti, quindi scolateli e lasciateli asciugare su carta assorbente da cucina. Serviteli dopo averli spolverizzati con zucchero a velo.

VIN COTTO

◀ *Puglia* ▶

Uva matura di ottima qualità.

Il vino cotto, che nella cucina pugliese viene utilizzato per la dolcificare i dolci al posto del miele, è di facile preparazione. Scegliete dei bei grappoli d'uva e staccatene gli acini, che passerete al setaccio fine; filtrate accuratamente il succo così da pulirlo da ogni impurità. Versate il succo di un recipiente (meglio se di coccio, mai d'alluminio) e, mescolando, fate cuocere su fiamma molto bassa sinché non assume una consistenza densa, simile a quella del miele. Versate il vin cotto in recipienti sterilizzati e con chiusura ermetica, quindi riponetelo al riparo della luce.

ZABAIONE

◀ *Valle d'Aosta, Piemonte* ▶

10 uova, 300 g di zucchero, 1/2 l di marsala secco.

La crema classica viene preparata con marsala secco, che può però essere sostituito con altro vino come madera,

sherry, porto, bianco secco o anche champagne. Il procedimento non cambia, ma si ottengono aromi veramente diversi.

Amalgamate i tuorli delle uova e montateli con lo zucchero utilizzando una frusta o un cucchiaio di legno. Unite alla crema così ottenuta il marsala e fate cuocere a fuoco lento (meglio a bagnomaria) mescolando continuamente con un cucchiaio di legno. Prima che giunga a bollore togliete dal fuoco la crema, che avrà aumentato notevolmente il suo volume. Servitela con i biscotti o utilizzatela per farcire torte lievitate.

ZALETTI

◀ *Veneto* ▶

250 g di farina di mais, 100 g di farina di mais bianca, 2 cucchiai di farina di frumento, 330 g di uva passa, 330 g di zucchero, 10 uova, 1,5 l di latte, 100 g di burro, 3 limoni, 1 baccello di vaniglia, sale.

155

Portate a ebollizione 1 l di latte con un pizzico di sale e la vaniglia; togliete quest'ultima e versate a pioggia le due farine di mais mischiate e setacciate. Mescolate con cura, poi togliete dal fuoco e unite 250 g di zucchero e il burro; quando tutto si sarà ben amalgamato fate riposare per un paio d'ore. Nel frattempo preparate la crema pasticcera: in una casseruola dai bordi alti mescolate 4 tuorli d'uovo con lo zucchero rimasto. Quando quest'ultimo si sarà sciolto amalgamate poco alla volta la farina di frumento, poi sempre mescolando unite 1/2 l di latte bollente e la scorza grattugiata di 1 limone. Mettete la casseruola al fuoco e portate a bollore senza smettere mai di mescolare; spegnete dopo 3 minuti di bollore e lasciate raffreddare. Incorporate al composto di farina le uova, una alla volta, la scorza grattugiata dei limoni, la crema pasticcera fatta raffreddare e l'uva passa fatta ammollare in acqua tiepida e poi scolata, asciugata e infarinata. Distribuite il composto sulla piastra del forno imburrata, formando degli ovali o dei dischetti (di circa 5 cm di diametro) abbastanza spessi. Fate cuocere in forno caldo per circa mezzora. Serviteli tiepidi e spolverati con zucchero a velo.

ZELTEN

◀ *Trentino Alto-Adige* ▶

200 g di farina, 100 g di fichi secchi, 100 g tra noci e nocciole sgusciate, 50 g di uva passa, 50 g di pinoli, 50 g di scorza di arancia candita, 60 g di burro, 20 g di lievito di birra, 1 uovo, 2 tazzine di latte, 2 cucchiai di miele, vaniglia, noci e mandorle sgusciate per decorare, sale.

Fate rinvenire l'uva passa e i fichi tagliati a pezzettini in acqua tiepida. Mescolate la farina a un pizzico di sale e disponetela a fontana in una zuppiera; in un incavo centrale mettete il lievito fatto sciogliere con un po' d'acqua tiepida e un cucchiaino di miele. Impastate il lievito con un po' della farina in modo da ottenere una pastella lievitante e lasciate riposare per circa mezzora. Trascorso il tempo unite alla farina anche il burro fatto ammorbidire e tagliato a pezzettini, il miele rimasto e l'uovo; impastate aiutandovi con un po' di latte in modo da ottenere un composto cremoso e morbido. Incorporate a questo punto l'uva passa e i fichi scolati e strizzati, i pinoli, le noci e le nocciole tritate, l'arancia candita tritata grossolanamente. Quando tutto sarà ben amalgamato coprite e lasciate

riposare per un paio d'ore in luogo tiepido e lontano da correnti d'aria. Disponete poi l'impasto in una teglia tonda unta e infarinata, decorando la superficie con alcune mandorle (che avrete spellato tuffandole in acqua calda e asciugato) e gherigli di noce, quindi fate cuocere in forno caldo per circa un'ora. Lo zelten non va consumato subito: occorre aspettare perlomeno 36 ore dalla cottura. Se ben protetto e mantenuto in luogo fresco si può conservare a lungo.

ZEPPOLE DI SAN GIUSEPPE

◀ *Campania* ▶

500 g di farina, 15 g di lievito di birra, 100 g di zucchero, 1 uovo, 1 limone, latte, 50 g di burro, olio d'oliva, zucchero a velo.

Sciogliete in un po' d'acqua tiepida il lievito, stemperandolo accuratamente, quindi unitelo a poca farina, amalgamate bene e formate una massa morbida che lascerete lievitare per mezzora. Trascorso questo tempo aggiungete l'uovo, un po' di latte tiepido, lo zucchero, il burro sciolto a bagnomaria, la buccia grattugiata del limone e il resto della farina. Lavorate bene l'impasto finché sarà diventato omogeneo e compatto e quindi dividetelo in piccole quantità con le quali formerete delle ciambelle. Ponetele a lievitare su una tovaglia infarinata, quindi friggetele nell'olio caldo. Scolate le *zeppole* quando saranno ben dorate e fatele asciugare su carta assorbente da cucina, cospargendo poi di zucchero a velo.

INDICE

ANTIPASTI

Acciughe al verde 8
Antipasto di melanzane.........................8
Bagna caûda..8
Biscotti alla salvia 9
Bruschetta 9
Bruschetta pugliese 9
Capesante gratinate 10
Cazzilli 10
Cecina 10
Cozze ripiene 12
Crescia sfogliata 12
Crostini al tartufo 12
Crostini alla ciociara 13
Crostini con liptauer 13
Crostini di fegatini di pollo 13
Erbazzone..13
Fettunta 14
Fiadone 14
Granceola al limone 15
Insalata di mare 15
Insalata di nervetti 15
Mozzarella in carrozza 16
Olive all'ascolana 16
Olive condite.......................................16
Olive fritte 18
Panzanella 18
Panzerotti al pomodoro........................18
Radicchio rosso in saór 19
Salame nell'aceto 19
Sarde in saór..20
Supplì di riso 21
Torta dolce-salata 21
Torta pasqualina...................................22
Vol-au-vent ai funghi 24

FOCACCE, PANE, PIZZE, TORTE SALATE

Calzone 28
Calzoni con la verdura 28
Crescenta 29
Focaccia all'olio 29
Pane carasau o carta da musica 29
Pane frattau 30
Pane pugliese 30
Pane toscano..32
Piadina romagnola 32
Pizza di patate 32
Pizza di scarola....................................33
Pizza napoletana..................................33
Pizza rustica alla cipolla 34
Sfinciuni..35
Tarallucci 35

SALSE E SUGHI

Ragù all'aceto balsamico.....................38
Sugo ai ricci di mare 38
Sugo alla sorrentina 38
Salsa pearà 39

PRIMI PIATTI

Acqua cotta 42
Agnolotti al tartufo 42
Agnolotti alla napoletana 42
Agnolotti friulani 44
Brodetto di pesce 44
Bucatini all'amatriciana 45
Bucatini ammudicati 45
Bucatini con sugo d'agnello.............45
Canederli 45
Cappelletti in brodo 46
Casoncelli 46
Cavatieddi con la rucola 47
Ciuppin 48
Culingionis di patata 48
Fusilli con le fave 49
Gnocchi alla valdostana 49
Gnocchi di patate 50
Jota 50
Lasagne al forno...................................52
Maccheroni con ricotta e salsiccia 54
Malloreddus 54
Mille cosedde 54
Minestra maritata 55
Minestrone sardo 56
Orecchiette con le cime di rapa 56
Pancotto 57
Pansotti alle noci 57
Pappardelle alla lepre 57
Pasta alla Norma 58
Pasta e ceci 58
Pasta e fagioli 58
Penne all'arrabbiata 60

Pici al coniglio 60
Pizzoccheri al forno 61
Quadretti in brodo con fegatini........62
Ribollita 62
Riso all'isolana 62
Riso con la braciola 64
Risotto ai funghi 64
Risotto allo zafferano 65
Sagne chine 65
Sartù di riso 66
Scripelle 'mbusse 66
Spaghetti agli asparagi selvatici 67
Spaghetti aglio,
olio e peperoncino...........................67
Risotto alla pilóta 68
Spaghetti al nero di seppia 70
Spaghetti al pomodoro 70
Spaghetti alla chitarra con il ragù....70
Spaghetti alla carbonara 72
Spaghetti cacio e pepe.....................72
Spaghetti con la bottarga 74
Spaghetti con le sarde 74
Spaghetti con vongole veraci............74
Strangolapreti 74
Tagliatelle al tartufo nero 76
Tagliatelle con ragù alla bolognese ..76
Timballo di maccheroni 77
Tortellini in brodo...........................77
Tortelli di zucca 78
Trenette al pesto 80
Trofie 80
Vincisgrassi.....................................82
Zuppa di ceci 82
Zuppa di fave e cicoria 83
Zuppa di granoturco.........................83
Zuppa di gulasch 83
Zuppa di orzo.................................84
Zuppa di sedano..............................84
Zuppa e soffritto..............................84

SECONDI PIATTI DI CARNE

Abbacchio al forno con patate..........86
Agnello al forno con la mentuccia 86
Agnello in potacchio 86
Bistecca alla fiorentina 87
Bollito misto 87
Brasato al Barolo.............................88
Capretto al forno 89

Capriolo in umido...........................89
Cima ripiena..................................89
Cinghiale alla cacciatora.................90
Coda alla vaccinara 90
Coniglio arrosto 91
Coniglio in porchetta 91
Cotechino.......................................91
Fagiano con funghi e cipolle 92
Falsomagro.....................................92
Fegato alla veneziana......................92
Finanziera 92
Fonduta 94
Fritto misto alla piemontese 94
Gulasch 95
Lepre alla cacciatora.......................95
Lepre in agrodolce 95
Maialetto arrostito 96
Ossibuchi alla milanese...................96
Pajata al forno 96
Pastissàda de cavàl 97
Pecora in umido..............................97
Piccioni in salmì............................98
Piccioni ripieni...............................98
Polenta pasticciata..........................98
Polenta taragna 100
Pollo in salsa piccante...................100
Puccia 100
Saltimbocca alla romana................101
Scaloppine all'aceto balsamico 101
Scottiglia 101
Stinco di maiale al forno................101
Stufato di pecora 102
Uccellini scappati 102
Vitello tonnato 102

SECONDI PIATTI DI PESCE

Agghiotta di pesce spada...............106
Baccalà alla livornese 106
Baccalà alla vicentina 106
Cacciucco alla livornese 108
Calamari ripieni 108
Luccio in salsa 110
Coregone con pomodori e patate 112
Lavarello al cartoccio 112
Panada asseminese 112
Sarde a beccaficu 113
Scampi alla busara 113
Tonno alla catanese 113

Contorni

Asparagi alla parmigiana 116
Caponata 116
Carciofi alla giudia 116
Carciofi fritti..............................117
Cardi alla brindisina...................117
Cipolline in agrodolce 117
Crauti...118
Fagioli al fiasco..........................118
Fave alla scafata 120
Frittelle di farina di ceci 120
Insalata di arance 120
Lampascioni al forno 121
Melanzane al forno 121
Melanzane ripiene.......................122
Patate in teglia 122
Peperonata 122
Peperoni con la mollica...............124
Piselli al prosciutto 124
Pomodori gratinati 124
Pomodorini essiccati sott'olio 125
Puntarelle...................................125
Tortino alle verdure 126
Zucchine imbottite 126
Zucchine in capece 126

Dolci e liquori

Babà al rum 128
Beccute......................................128
Bonet 128
Caffè alla valdostana 129
Cannoli.......................................129
Cantuccini 130
Cassata siciliana 130
Castagnaccio...............................132
Cellucci 132

Chifferi mandorlati 134
Ciambella bolognese 135
Cicerchiata 136
Frustingolo 136
Galàni 136
Grappa ai mirtilli 136
Gubana 138
Limoncello 138
Maritozzi 139
Mirto 139
Nepitelle 139
Nocino di San Giovanni 140
Pandoro 140
Panettone 142
Panna cotta 142
Panpepato 144
Pappai biancu 144
Pappasinos 144
Pastiera napoletana 145
Pizzelle 145
Ricciarelli 146
Scorze candite.............................146
Sbrisolona 148
Sebadas al miele 150
Sfogliatine 150
Strudel di mele 150
Tartufi di castagne
al cioccolato 152
Torcolo 152
Torta di grano saraceno 152
Torta di patate e ricotta 153
Torta di ricotta 153
Torta di tagliatelle 153
Tortelli di carnevale 154
Vin cotto.....................................154
Zabaione 154
Zaletti...155
Zelten...156
Zeppole di San Giuseppe 156